So warn's die Holzknecht'

Geschichten und Dokumente
aus ihrem Leben

Robert Matzek

So warn's die Holzknecht'

Geschichten und Dokumente
aus ihrem Leben

Deutscher Betriebswirte-Verlag GmbH

Die Deutsche Bibliothek − CIP-Einheitsaufnahme

So warn's die Holzknecht' : Geschichten und Dokumente aus ihrem Leben / Robert Matzek. − Gernsbach : Dt. Betriebswirte-Verl., 1992
 ISBN 3-88640-055-7
NE: Matzek, Robert

© Deutscher Betriebswirte-Verlag GmbH, 1992
Satz: Deutscher Betriebswirte-Verlag GmbH, Gernsbach
Druck: Schauenburg Graphische Betriebe GmbH, Schwanau 2
Buchtitelgestaltung: Zembsch' Werkstatt, München
ISBN: 3-88640-055-7

Umschlagbild: Holzknecht nach einem Motiv der Lüftlmalerei auf dem Rathaus von Ruhpolding, erbaut 1922. Die Malerarbeiten stammen von der Firma Burkhardt, Ruhpolding (1925).

Inhalt

Vorwort
7

Peter Bergmaier:
Das Holzknechtleben
11

Robert Matzek:
St. Vinzenz, Schutzpatron der Holzknechte
26

Franziska Hager:
Holzknechtkirta
38

Franziska Hager:
Von Holzknechten und Holzweibln
45

Heinrich Noë:
Die Holzknecht san mutige Leut
58

Max Haushofer und Heinrich Noë:
Wenn der Triftbach rauscht ...
65

Altbayrische
Holz- und Wetterregeln
82

Otto Banck:
Holzfäller und Flößer im Isartal
84

Karl Springenschmid:
Die drei Holzhackerbuam
98

August Winnig:
Stiegel der Holzhauer
116

Fritz Müller:
Zasch
121

Peter Rosegger:
Die fremden Holzknechte
129

Holzknecht-Lieder
142

Adalbert Stifter:
Der beschriebene Tännling
153

Carl Čapek:
Der Holzfäller-Doktor
180

Jean de La Fontaine:
Der Wald und der Holzhauer
Der Holzhauer und Merkur
191

Sepp Demleitner:
Heiteres aus dem früheren Waldarbeiterleben
196

Trauerlied für Peter Reindl
203

Marterlsprüche
Ein Baum hat mir den Tod gebracht
208

Literaturhinweise
216

Bildnachweis
218

So warn's

So war er, und so lebt er fort in unserer landläufigen Vorstellung, der Holzknecht: Ein wetterharter Naturbursche mit Saft und Kraft, der sich seiner schweren und nicht ungefährlichen Arbeit dennoch fröhlichen Herzens stellt und der auch dann zuzupacken weiß, wenn er den gefüllten Maßkrug vor sich hat.

Ein Bild, wie es zur Alpenregion mit ihren urwüchsigen Bergwäldern dazugehört und wie es einem uralten, echten Männerberuf deutlich Umrisse zu geben vermag. Holzknechte – das waren früher ortsansässige, zuverlässige Bauern mit ihren Söhnen und Knechten, die im Auftrag der Saline Brennholz für die Salinen Reichenhall oder Traunstein eingeschlagen und mit dieser Arbeit ihre Familien ernährt haben. Angesichts des riesigen Energiebedarfs dieses einst wirtschaftlich so bedeutsamen Gewerbezweigs war das auf Jahre hinaus eine sichere Sache, und so entwickelte sich im Lauf der Zeit ein eigener, angesehener Berufsstand, dessen Mitglieder regelmäßig bares Geld ins Haus brachten und der auch beim Wirt etwas galt.

„Knecht" in seiner ursprünglichen Bedeutung hatte nämlich nichts Abschätziges an sich und war nur eine andere Bezeichnung für „Knabe, Jüngling" und „Bursche". Der Begriff erstreckte sich im übrigen auf eine ganze Reihe von Berufsgruppen, etwa die Brunnen-, Reit-, Stall- oder Landsknechte, bis ihn der „Geselle" langsam verdrängt hat, der ja ebenfalls einen vertraglich gebundenen Facharbeiter meint. Verwandt ist der Knecht auch mit der „Knagge", einer hölzernen Stütze oder, vielleicht besser, mit dem „Knüppel" und „Klotz", die wiederum mit dem englischen knag (Pflock) und dem schwedischen knagg (Knorren, starker Mann) zu tun haben. Von allen diesen Bedeutungen steckt also etwas im Holzknecht mit drin, wie man sieht. Erst im Neuhochdeutschen entwickelte sich dann der sinngemäß zu Knabe und Knappe gehörende Begriff „Knecht" zu der Bezeichnung für einen „in Diensten stehenden", einen dienenden Mann, und so hat er sich in unserem Sprachgebrauch eingeprägt.

Wie dem auch sei – in unserem Bewußtsein sind die Holzknechte ein achtbarer Berufsstand geblieben, der sich sein Selbstbewußtsein über alle Zeitläufe hinweg bewahrt und der sich sein eigenes Profil geschaffen hat; der Waldfacharbeiter und Forstwirt von heute mit seiner modernen Technik des Fällens und der Bringung von Holz wie überhaupt die Methoden einer inzwischen verfeinerten Forstwirtschaft knüpfen daran sichtbar an.

So ist es eigentlich ganz natürlich, daß das Holzknechtmuseum in Ruhpolding die Menschen — eben die Holzknechte — in allen Ausstellungsbereichen immer wieder in den Mittelpunkt rückt.

Freilich, es handelt sich um Menschen, „die kein Buch über sich schreiben", wie ein Festredner bei der Museumseröffnung bemerkte; doch damit hat er nur auf die Aufgabe dieses Museums verweisen wollen, hier wenigstens Teilaspekte aus dem Leben der Holzknechte dem Vergessenwerden zu entreißen.

Etwas Ähnliches will dieses Buch. Es haben zwar keine Holzknechte mitgeschrieben, dafür aber Leute, die wissen, wie es einmal war; die sich einfühlen konnten in die Welt der Holzknechte und erzählen, wie sie jene erlebt, erfahren und gestaltet haben. Jeder von ihnen steuert dazu ein farbiges Kapitel bei, und aus dem Mosaik von eingefangener Wirklichkeit und dichterischem Aufarbeiten prägnanter Wesenszüge entsteht dann jenes Bildnis kerniger „Holzhackerbuam", von dem wir sagen können: Ja, so warn's.

Vergangenheit also, die sich in Dokumenten und Geschichten festhalten läßt. Als glaubwürdiger Zeuge und Chronist des Holzknechtlebens von anno dazumal tritt der Ruhpoldinger Pfarrer Peter Bergmaier auf, dessen Bericht die bekannte Volkskundlerin und Schriftstellerin aus dem Chiemgau, Franziska Hager, mit ein paar speziellen Schilderungen gewissermaßen fortschreibt; diese Lebensbeschreibung bayerischer Holzknechte ergänzen dann Max Haushofer, Heinrich Noë und Otto Banck. Das Schlitzohrige der mit Axt und Säge hantierenden Gesellen von einst verarbeitet Karl Springenschmid in seinen humorvollen Erzählungen, während August Winnig und Fritz Müller den Holzhauer als „gestandenen Mann" und „fanatischen Holzer" porträtieren. Sanftere und besinnlichere Töne dagegen schlagen die zu den Großen der Literatur gehörenden Dichter Peter Rosegger und Adalbert Stifter an, die beide aus ihrem eigenen Erleben schöpfen. Schließlich noch Carl Čapek und der Franzose LaFontaine, die ihre Geschichten ganz im Märchenhaften ansiedeln. Den heiteren Schlußpunkt setzt Forstdirektor Sepp Demleitner mit Aufzeichnungen aus seinem Berufsleben. Der langjährige Chef des Forstamtes Ruhpolding und Leiter der Waldarbeitsschule Laubau ist einer der Väter des benachbarten Holzknechtmuseums und hat aus dessen Archivbeständen zahlreiche hier veröffentlichte Bildmotive beigesteuert; dafür wie auch für seine wohlwollende Förderung dieses Sammelbandes ist ihm der Herausgeber zu aufrichtigem Dank verpflichtet. Er gilt auch Altlandrat Leonhard Schmucker, dem die Dokumentation des Holzknechtlebens mit seinem von Gemeinschaftsgeist erfüllten Gefüge stets ein besonderes Anliegen war und unter dessen Amtsführung das Holzknechtmuseum seine heutige Gestalt als Schmuckstück der Chiemgauer Museumslandschaft angenommen hat. Ein Danke auch den Verlagen, die freundlicherweise Nachdruckgenehmigungen erteilt haben.

Robert Matzek, im Juli 1992

Das Holzknechtleben

Ja, so waren sie wirklich, die bayerischen Holzknechte, wenn sie einmal Axt und Säge beiseite gestellt haben. Eine feste Gemeinschaft auf Zeit war das, die da hoch droben im Wald zusammen hauste, mit überlieferter Ordnung und strengem Arbeitsplan; man wußte aber auch zur rechten Zeit die Pfannen aufs Feuer zu stellen, Mehl und Schmalz hervorzuholen und auch dann kräftig zuzupacken, wenn Spaß angesagt war.

Das Leben der Holzknechte in der Zeit vor dem Ersten Weltkrieg — wer könnte darüber schon zutreffender und farbiger erzählen als ein irdischer Botschafter ihres Schutzheiligen St. Vinzenz? Pfarrer Peter Bergmaier (1883-1973) aus Ruhpolding, einer ehemaligen Hochburg der Holzknechte, hat uns darüber kulturgeschichtlich interessante Aufzeichnungen aus dem Jahr 1915 hinterlassen.

*

Am Montag früh geht der Holzmeister oder „Akkordant", meist ein Bauer mit seinen Holzknechten, „gen Berg" zur Holzarbeit und bleibt die ganze Woche über bis Samstag um 9 Uhr im Forst. Die Arbeitszeit wird gewöhnlich so verlängert, daß als Wochenlohn „sechs Schichten" ausbezahlt werden. Die Arbeit ist mitunter sehr gefährlich, doch besitzen die Arbeiter dabei eine große Gewandtheit und kennen verschiedene Vorteile, die ihnen dann die Arbeit verhältnismäßig leicht machen.

Um 4 Uhr früh ertönt der Weckruf des Holzmeisters: „Buam, auf in Gottsnam!" Es wird dann bis 9 Uhr bis zur ersten „Muaszeit" gearbeitet. Kurz vor 9 Uhr gibt der Akkordant den Befehl „Widdererlaufbursch ums Wasser!" Ein jüngerer, eigens bestellter Holzknecht verläßt die Arbeitsstelle und holt pflichtgetreu in einer hölzernen „Bitschen" am nahen Fluß Wasser zum Kochen und zündet das Feuer an in der „Foiress", das ist ein aus Lehm und und Stein aufgebauter, mit einem hölzernen „Gschai" umgebener länglicher Herd (damit Lehm und Stein nicht auseinanderfallen). An ihm sind die „Pfannhober" (Pfannenhalter) befestigt, und zwar in der Zahl der anwesenden Personen. Das Feuer geht durch die ganze Esse. Jeder Arbeiter sitzt mit seiner Pfanne auf einer primitiven Bank und kocht sein „Muas", eine Art „Schmarrn". Das alles vollzieht sich in der „Bruathennhüttn", dem gewöhnlichen Aufenthaltsort der Holzknechte, solange sie Holz schlagen und hoch oben auf dem Berge hausen.

Eine solche „Bruathennhüttn", ist es wert, daß wir sie näher ansehen. An einer sicheren Stelle auf dem Berge sind zwei senkrechte Pfähle von 3 bis 4 Meter

Höhe eingerammt, die mittels eines Querbalkens verbunden werden. Von diesen Pfählen weg gehen 4 Tram (Balken), die 5 bis 6 Meter lang sind, nach rückwärts in den Berg. Das Ganze wird noch mit Rinden überzogen und die „Bruathennhüttn" ist fertig. Fenster sind nicht vorhanden, Licht spendet nur die offene Tür oder abends die Feueresse, bei deren glühendem Schein auch das Pfeifchen geraucht wird. Die Inneneinrichtung ist zweckent-

Holzknechte auf dem Weg in den Ruhpoldinger Bergwald (etwa 1950)

sprechend. In der Mitte die genannte Feueresse, an der einen Seite das Werkzeug, also Sägen, Hacken, die „Sapi" (auch Sapie, Sapine und Krempe, eine langstielige Hacke mit hakenförmiger Stahlspitze), Bohrer, Stemmeisen usw.; über der Esse das Brennholz, das bei guter Witterung gesammelt wird; an der anderen Seite der Rucksack, der mit einem Laib Brot, einigen Pfund Schmalz und Mehl bepackt mitgenommen wird. Neben dem Rucksack der „Mehlbalg" oder „Mehlbeutel", ein Mehlbehälter aus Tierhaut, ferner noch der „Muasner", das ist der „Scherrer" zum Umrühren des „Muases". Unter der Bank endlich hat jeder Holzknecht sein Schmalzga-

So ging es früher zu bei der Fällarbeit im Bergwald: Das wichtigste Werkzeug der Holzknechte war die Axt, hier die Maishacke.

del zum Aufbewahren des Schmalzes und seine „Salzbüchse", beides hölzerne Gefäße. Wenn einem das Schmalz zu früh ausgeht und er sich dann heimlich beim Nachbarn Schmalz „zu leihen" nimmt, so heißt das im Volksmund: „Der tuat gadeln".

Im hinteren Teil der Hütte ist die Liegestatt hergerichtet, „die Bograd" genannt (auch: Pangrat). Auf diesem Stroh- und Heulager sind einfache Kissen. Manchmal breitet der Holzknecht bloß seinen Wettermantel aus und deckt sich mit der „Werchgoldern" zu, einer Decke, die aus Rupfen besteht und mit Werg gefüllt ist.

Luxuriöser werden die Wohnungsverhältnisse, wenn sich der Holzschlag weniger hoch auf dem Berg befindet. In diesem Fall bewohnen die Holzknechte eine „gstaalte Hüttn", ein im Viereck gebautes kleines Häuschen, dessen Balken gezimmert und dessen Wände mit Fenstern versehen sind. Im Innern sind Herd, Tisch und Bänke, ferner Kochgeschirr, eine Schnitzelbank und dergleichen. Die „Bograd" fehlt allerdings auch nicht, doch gibt es schon Strohsäcke. Manchmal befindet sich der Schlafraum auf dem Dachboden, zu dem man auf einer Leiter hinaufsteigt.

Am besten und bequemsten wohnen die Holzknechte in der sogenannten „Holzstube"; sie befindet sich meistens am Fuß des Berges oder auf bequem erreichbarer Höhe und ist wie ein Bauernhaus gebaut. Eigene Stube, Küche, Schlafraum im ersten Stock; nach rückwärts Pferdestallung und Remise für die Schlitten.

„Muas-" oder Eßzeiten gibt es für den Holzknecht täglich drei: Um 9 Uhr, 14 Uhr und abends nach der Arbeit. Der Holzmeister ruft zu den beiden ersten mit den Worten: „Muasn! hoau!" Die Holzknechte antworten: „Hör di wohl! hoau!" Am Abend dagegen lautet der Ruf des Holzmeisters: „Überall hoau!" Obwohl die „Speisekammer", wie wir oben sahen, nur eine kleine Auswahl an Vorräten enthält, ist der Speisezettel des Holzknechtes doch ziemlich auswahlreich. In der Früh gibt's zwar immer „Muas": Mehl wird mit Wasser angerührt, der Teig kommt ins siedende Schmalz, und das Frühstück ist fertig. Feinschmecker jedoch schlagen sich Eier in den Teig oder legen Waldbeeren auf das Muas oder essen es in Zwetschgenbrühe.

Dagegen wird bei anderen Mahlzeiten die Kochkunst des Holzknechtes geradezu raffiniert. Ich denke da an die „Preßknödel", das sind Knödel aus Brot und Mehl, die in Schmalz gebacken, hernach mit Wasser übergossen und dann gesotten werden, so daß es auch noch eine gute Suppe gibt. Als etwas Vorzügliches gelten die Wasser- oder Schmalznudeln, „Langaus" genannt. Der Teig wird gewalkt, in große Scheiben geschnitten und hierauf in Wasser und Schmalz zugleich gekocht. Sie werden manchmal sogar mit Weinbeeren gespickt. Auch Fleischknödel aus Pferdefleisch gibt's zuweilen in der Bruathennhüttn. Der „Bschoad" (das Übriggebliebene) von Hochzeiten findet ebenfalls dankbare Verwendung. Als besondere Delikatesse ist ferner nicht zu vergessen die „Kassuppe" oder die „Kasnocken". In das siedende Wasser werden Stücke von „Suppenkas" geworfen und gekocht. Am

„blauen Montag" oder nach einem „Kater" wird diese Speise mit Vorliebe bereitet. Ißt jemand nicht auf, so sagt man, „der tuat Marder jag'n". Sehr schmackhaft sollen die jetzt abgekommenen „Holznudeln" gewesen sein.

Nach den einzelnen Muaszeiten wird ein Vaterunser gebetet, desgleichen in der Früh, wo noch hingefügt wird, „wir bitten um einen glückseligen Tag"; am Montag früh: „wir bitten um eine glückselige Woche". Abends werden dann noch fünf Vaterunser gebetet zu Ehren des hl. Vinzenz, der Lieben

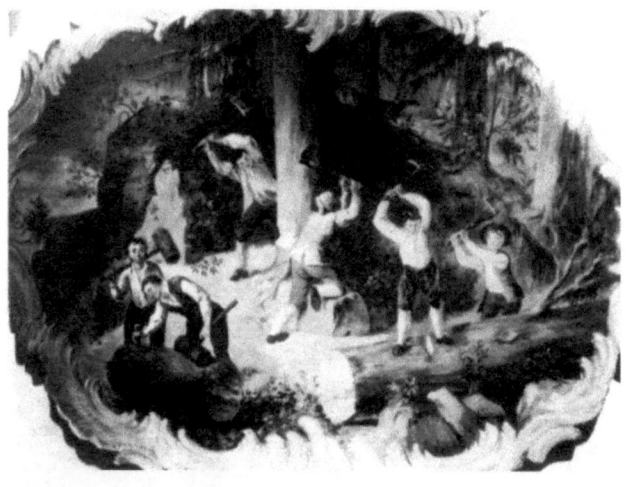

Holzknechte im Salinenbergwald. Im Vordergrund zu sehen das Entasten und Spalten der Stämme zu Scheitholz, das zum Befeuern der Sudpfanne in den Salinen — in Traunstein, Reichenhall oder Rosenheim — verwendet worden ist. Das Bild des unbekannten Künstlers aus den Jahren nach 1781 befindet sich im Holzknecht-Museum Ruhpolding.

Frau, für die armen Seelen, um eine glückselige Sterbstunde und „wir danken für den heutigen Tag".

Die Hüttenordnungen waren früher sehr streng, und wer sich der Ordnung nicht fügte, wurde „gemelzt". Die „Melz" ist die Holzschaufel, mit der der „Widderer" unter den Holzknechten Asche und Feuer behandelt. Diese Strafe wurde auch verhängt, wenn einer „klaffte", das heißt, unziemliche Reden führte. Die Bruathennhüttn hat sogar ihre eigenen Unterhaltungsspiele. Da spielt man oft „Spannsagln" und „Wolfnjagn". Das „Spannsagln"

Holzhauerhütte im Bayerischen Wald um die Jahrhundertwende. Aus Stangen und Rindenstücken erbaut, stellt sie einen Übergang zwischen dem einfachen Rindenkobel und der ein- oder zweistöckigen, beheizbaren Holz- oder Winterstube dar. Reproduktion: Erwin Steckbauer, Zwiesel.

geschieht auf einem viereckigen Brett, auf dem mit „Holzzwecken" gesteckt wird, und ist dem Mühlfahren ähnlich. Zum „Wolfnjagn" benützt man Zwetschgenkerne; dasselbe gleicht dem Spiel „Fuchs und Henne". Kartenspiele gibt es auch. Selbstverständlich erklingen zur Gitarre oder Zither auch Gebirgs- und Wildschützenlieder.

Die Arbeit des „Holzfällens", die von Georgi bis Michaeli verrichtet wird, ist ziemlich einförmig und weniger gefährlich. Aufpassen heißt es aber, wenn die „Prügel gschossen wern" oder „zammgholzt wird". Die gefällten und entrindeten Bäume werden

Ein Rindenkobel, wie er den Holzknechten die Woche über als Unterkunft gedient hat — original nachgebaut im Holzknechtmuseum Ruhpolding. So eine Hütte war 4 bis 5m lang und etwa 3 m breit, hatte eine Schlafstelle für vier Holzknechte, die Bograd, und eine offene Feuerstelle mit Sitzbänken.

„abgetrümmert" oder „abgelängt", das heißt, in bestimmten Längen, gewöhnlich 4,5 Meter, abgeschnitten; hierauf läßt man sie die riesigen Höhen hinabrutschen. An Stellen, wo es Störungen geben kann, werden starke Holzknechte aufgestellt, welche durch Bockhörner oder Rufen Zeichen geben. Staut sich ein Schuß, dann ertönt der Ruf „Hob auf!" Von oben kommt hierauf die Antwort: „Zuahi drauf!" Ist nun der unterhalb Stehende wieder fertig, so ruft er hinauf: „Reut o!", worauf der obere

So stellt man sie sich in etwa vor, die zünftigen Holzknechte: Wetterharte Gesellen, die zupacken können und denen man auch ansieht, daß sie fest mit ihrer Arbeit verbunden sind. Hier eine Gruppe am Talende einer Holzriese, auf der die Stämme wie auf einer Rutschbahn bergab schießen. Das wichtigste Werkzeug zum Wegziehen und zum Aufgantern (Stapeln) ist die Sapi mit ihrem langen Stiel und einem spitzen Haken.

Holzknecht erwidert: „Fluich o!" und einen „Prügel" hinunterstürzen läßt. Ähnlich sind auch die Rufe beim Holzfällen.

Nach dem Zusammenholzen werden die „Prügel" oder „Blöcher" „aufgegantert", das heißt aufgerichtet. Auch das Kisten- und Scheitholz wird in „Fallierzoant" aufgeschichtet, wenn es nicht sofort „ins Maß gestellt wird". Ist das Holz „aufgegantert" oder in Fallierzoant „geschmissen", dann bleibt es stehen, bis es im Winter mit den Pferden oder dem Ziehschlitten ganz zu Tal befördert wird. Das „Holzziacha" mit dem Ziehschlitten ist lebensgefährlich und erfordert sehr große Kraft und Gewandtheit. Früher wurde alles Holz auf den „Holzriesen" bis ins Tal hinuntergeschossen, doch hat es dadurch oft sehr gelitten und wurde schrecklich zerklüftet.

Während das Holz jetzt mit der Achse zur Bahn gebracht wird, wurde es früher in die „Holzfelder" nach Traunstein „getriftet". Die Leitung hatten die „Trift- und Klausmeister". Das Wasser der Traun und der Urschlauer Achen wurde durch „Klausen" gestaut. Solche Klausen waren: die Rötlmoserklause; sie war mit einem Schlagtor und zwei Zugtoren die größte; die wunderschöne Eschlmoserklause, die Seehauserklause, die Danzinger-Klause (= Kraxenbach), die Stiergrabenklause (am Fuß vom Rauschberg) und die Fahrsteignerklause bei Spitzau. Das Triften macht viel Arbeit, die gelernte Kräfte erfordert.

Bei kirchlichen Feierlichkeiten sind die Holzknechte als Körperschaft vertreten. Sie haben eine eigene Kirchenfahne mit dem Bild ihres Patrons St. Vinzenz, dessen Namenstag für sie ein Festtag ist. In der Früh läßt das Königliche Forstamt für sie ein heiliges Amt mit Beimesse halten; hernach geht man ins Wirtshaus und feiert den Tag bei Bier und Tanz. Außerdem sind noch zwei freie Tage gebräuchlich: die Almschicht, das heißt die Tagesschicht am Jakobitag wird bezahlt, die Holzknechte jedoch verbringen den Tag auf irgendeiner Alm, und die Wallfahrtsschicht, das heißt an einem der drei goldenen Samstage machen die Holzknechte (gewöhnlich rottenweise) eine Wallfahrt nach Urschlau, Kirchental, Maria Eck, Maria Plain usw. Wer am Pfingstsamstag der letzte ist beim Aufstehen, bekommt die „Pfinzgen", das heißt, er muß (soll) ein paar Maß Bier zahlen. Es wird natürlich an dem Tag sehr früh aufgestanden.

Eine Waldarbeiter-Partie mit zwei Forstleuten vor einer großen Rindenhütte am Schrofen (1919). Damals galt es, einen großen Windbruch aufzuarbeiten.

Arbeits- und Mahlzeitenplan der Holzknechte in den Salinenforsten.

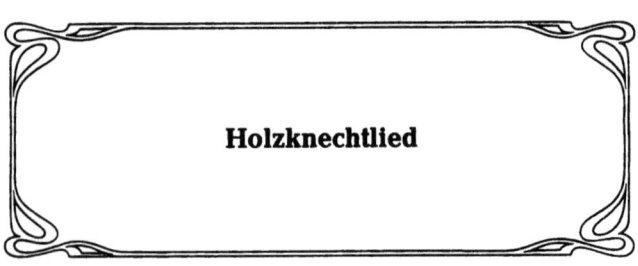

Holzknechtlied

Ja, die Holzknechtbuama müaßn früh aufstehn,
Müaßn's Hackerl nehma, in den Holzschlag gehn.
Wenn die Sunn schö scheint und das Hackerl schneidt,
Ham die Holzknechtbuama halt die größte Freud!

Selber melchen, kochen tuat der Holzknechtbua,
Fette Spatzn ess'n und oan Trank dazua.
Wann da Samstag kummt, tuat's brav Geld abgeb'n.
Tuat da Holzknechtbua von Wein und Brat'n lebn.

Sonntags muaß der Holzknecht wohl a Madl hab'n,
Daß er kann mit ihr sein bissel Geld verschlag'n.
Ja, die Holzknechtbuama müaßn früh aufstehn,
Müaßn's Hackerl nehma, in den Holzschlag gehn.

Wenn die Holzknechtbuama schneidn und draufschlagn fest,
Ist dös Pfeifeibrenna aft dös allerbest;
Drum in aller Fruah, wenn da Bua aufsteht,
Brennt er s' Pfeifei o, daß grad der Rauch aufgeht.

Und die Holzknechtbuama tuts gar narrisch g'freun,
Wanns a Liedl singa und frisch Juhe schrein.
Wenn das Liedl klingt und da Jodler hallt,
Gfallts an Holzknecht wohl am besten drauß im Wald.

Drauß im Wald da springa d' Hirsch und d' Gamserl rum,
Tean an Holzknecht tratz'n bis eam z'letzt werd z'dumm.
Nimmt a's Büchsei gschwind, sagt: „Jetzt hab i gnua!"
Schiaßt eams' Kugei aufi – siagst aft geb'ns a Ruah.

Und am Sonntag sitzen d' Holzknecht hinterm Kruag,
Saufn ganze Lackn, kriagn halt gar nöt gnuag.
Woaßt, dös kimmt vom Muas, dös pappt oan Gurgl z'samm.
Braucht scho wotan saufa, bis sie's aufgwoacht ham.

Und auf d'Nacht, da schmeißt da Holzknecht d'Hacka weg,
In da Bograd drin sucht er sich sein Fleck.
Hörst! wias schnarcha tean, daß grad alles kracht,
Und dö Flöh teans beiß'n! Wünsch ma guate Nacht!

Die ersten drei Strophen entstammen einem steirischen Volkslied, arrangiert von Fritz Neuert, Verlag von K. Hochstein, Heidelberg. Die übrigen Strophen sind in Ruhpolding entstanden.

Lüftlmalerei am Haus des Waldarbeiters Max Eisenberger (1891–1975) in Brand Nr. 5 bei Ruhpolding.

St. Vinzenz, Schutzpatron der Holzknechte

Zuerst geht's in die Kirche, dann ins Wirtshaus. Am 22. Januar haben die Holzknechte ihren großen Tag: sie feiern das Fest des hl. Vinzenz, ihres Schutzpatrons. Was für die Bauern Mariä Lichtmeß (2. Februar) ist, erweist sich auch für sie als Dreh- und Angelpunkt ihres Berufslebens. Der Vinzenzitag oder „Zenzltag" ist nämlich jener „Lostag", zu dem man ein altes Arbeitsverhältnis löst und ein neues beginnt. Ein solches Ereignis gehört natürlich gefeiert, und das nicht wenig. Und wenn der 22. nicht gerade auf einen Sonntag fällt, dann geht es eben am darauffolgenden Samstag hoch her.

Das Fest, das man auch mit der Bezeichnung „Holzsuppe" auf den Punkt zu bringen verstand, beginnt am frühen Vormittag. Die Holzknechte treffen sich am Dorfplatz, tauschen da schon ihre Ansichten über den weiteren Verlauf der Ereignisse aus und marschieren dann geschlossen – begleitet

St. Vinzentius in der Kirche von Weißbach bei Inzell. Freskomalerei von Georg Gschwendtner, 1958. Gestiftet von Pfarrer Josef Neumeyer.

Der hl. Vinzenz in der Kirche St. Georg von Ruhpolding (eingeweiht 1754); er steht – neben St. Laurentius mit dem Rost – auf dem rechten Seitenaltar und wird durch ein Griesbeil (wie auch durch das Märtyrer-Attribut eines Palmzweiges) als Schutzpatron der Holzknechte ausgewiesen.

von Förstern, Jägern und Sägern – mit Musik und Fahnen zum Gottesdienst in die Kirche. Der Geistliche gedenkt der Verstorbenen oder gar der bei ihrer Arbeit verunglückten Kameraden, gibt ihnen auch schon mal herzhafte Ratschläge für das etwa überhand nehmende montägliche Durstgefühl oder für den rechtmäßigen Umgang mit der Büchse mit auf den Weg und schließt – wie früher in Ruhpolding geschehen – mit einem speziellen Gebet: „Lasset uns beten für Seine Majestät den König, das ganze Königliche Haus, für alle Holzmeister und Holzknechte, auf daß sie Gott vor Unglück bewahre," was nicht nur von den Gefährdungen dieses Berufsstandes zeugt, sondern auch von der Achtung, die man ihm entgegenbrachte.

In Berchtesgaden, so ist zu erfahren, gab es für die Holzknechte ein feierliches Hochamt in der Pfarrkirche. „Am Nachmittag", weiß der bayerische Volkskundler Rudolf Kriss weiter zu berichten (1947), „trugen sie ihr Werkzeug zum Schärfen in die Votzenschmiede. Bei Anwesenheit des Prinzregenten Luitpold veranstalteten sie einen Huldigungszug auf den Schloßhof." Auch in anderen Chiemgauorten wie Aschau, Schleching oder Inzell hat man den Vinzenzitag lange hochgehalten. In Reit im Winkl war es noch im Jahr 1926 so, daß man die Holzsuppe schon am Vorabend des 22. Januar eingenommen hat, und dabei kamen schon einmal an die 300 Personen zusammen, weil die Familien der Holzknechte mitgefeiert haben. „Höhepunkt war das Kasnocken-Essen", erinnert sich ein Chronist. „Die Kasnocken (Quarkspatzen) werden aber nicht etwa in Tellern serviert, sondern in einer riesigen eisernen Pfanne, die während der Tanzpause aus der Küche in den Saal getragen wird; aus dieser Pfanne muß jeder, der Lust hat, die Kasnocken mit seinem Löffel herausfischen, also aus der Pfanne direkt in den Mund. Zubereitet werden die Kasnokken auch nicht von den Wirtsleuten, sondern von den Holzknechten selbst, die sich gut aufs Kochen verstehen."

Ja, das Vinzenzln war schon ein schöner Brauch im Chiemgau und Rupertigau; Franziska Hager gibt uns davon eine kleine Vorstellung in „Holzknechtkirta". Aber nicht nur hier weiß man Feste zu feiern; auch aus dem österreichischen Burgenland ist ein kraftvolles Holzarbeiterbrauchtum aus der Zeit vor der Jahrhundertwende überliefert, mit einem eigenen „Holzhackertanz" der das Umschneiden eines Baumes darstellt. Wieder anders hat man den Vinzenzitag früher in Niederösterreich und im Wienerwald gefeiert; da hatte jegliche Arbeit im Wald zu ruhen, weil die „Vögel Hochzeit halten" und nicht gestört werden dürfen, wenn sie ihre Lieder für das Fest der Lieben Frau (am 23. Januar) proben. „St. Vinzenztag – großes Fest" vermerkt auch Goethe in einem Tagebucheintrag aus Eger am 26.8.1821 und fügt hinzu: „Früh aufgestanden", weil nämlich die Prozession von neun Pfarreien schon um 7 Uhr losging.

Eiserne Haken und Griesbeil

Der 22. Januar aber, der ist bis heute unter „Vinzenz" im Kalender eingetragen. Wer war das, der diesen Namen trägt und wieso verehren die Holzknechte gerade ihn als Schutzheiligen? Das ist eine Sache, bei der man einen weiten und streckenweise recht verschlungenen Weg einschlagen muß, um ihr auf den Grund zu kommen. Eine Antwort in Kurzform könnte vielleicht so lauten: Der hl. Vinzenz ist

Mosaik an der Nordseite der Kirche von Brandenberg in Tirol: Gewidmet zu Ehren des Hl. Vinzenz von den Österreichischen Bundesforsten und den Brandenberger Forstarbeitern anläßlich der Einstellung der 800jährigen Holztrift im Jahr 1966.
Arbeit von R.Asch (1968)

der spanische Erzmärtyrer, den die alten Römer im Jahr 304 zu Tode gemartert haben und dessen Legende ihn später zu einer sehr volkhaften Gestalt werden ließ; sein Kult hat sich als so wanderkräftig erwiesen, daß sich ihm verschiedene mittelalterliche Zünfte anvertraut und ihn zu ihrem Schutzheiligen gemacht haben.

In romanischen Weinbauregionen veranlaßte angeblich die Vorsilbe seines Namens (vin = Wein) die Winzer, ihn zu ihrem Patron zu wählen; seine Schutzherrschaft erstreckte sich aber auch auf Töpfer, Dachdecker oder Seeleute. Daß sich ihn auch die Holzknechte zum Schutzherrn ausgesucht haben, hängt wohl mit seiner Leidensgeschichte zusammen.

Vinzenz von Saragossa, aus einer vornehmen Familie der Stadt, bildet sich unter Anleitung des Bischofs Valerius zum Priester aus und übernimmt dann dessen Predigeramt. Er nimmt es sehr ernst mit der Verkündigung des christlichen Glaubens und ist daher den damals auch in Spanien residierenden Römern unter ihrem Präfekten Dacian ein Dorn im Auge. Dieser will ihn zum Schweigen bringen, was ihm aber weder durch Drohungen noch durch ein − wie man sich erzählt − „dramatisches Wortgefecht" gelingt. Und so läßt er ihn eben zu Tode martern: auf einem glühenden Rost, die Glieder von eisernen Haken zerfleischt. Das war am 22. Januar des Jahres 304. Sein Leichnam wird auf die Scherben geworfen, aber durch Raben vor Raubvögeln geschützt, bis man ihn vor den Mauern von Valencia begräbt.

Der eiserne Haken ist es wohl, der dem sogenannten Griesbeil der Holzknechte beziehungsweise dem Trifthaken gleicht und dessen symbolischen Wert dieser Berufsstand für sich zu erkennen glaubte.

Wie dem auch immer gewesen sein mag, St. Vinzenz muß ein besonders kräftiger Heiliger gewesen sein, meint jedenfalls der mit Waldarbeitern sehr vertraute Forstmeister Sepp Demleitner aus Ruhpolding; sonst hätten ihn die Holzknechte nicht zu ihrem Patron gemacht, denn „die Holzknechte brauchen wirklich einen starken Schutz bei ihrer Arbeit am Berg. Dies war zu früheren Zeiten schier noch notwendiger als heute."

So ist es nur allzu verständlich, daß die Vinzenz-Verehrung zum Beispiel auch in einem so wichtigen wirtschaftlichen Zentrum wie Salzburg nachweisbar ist; dort haben ihn nicht nur die Holzknechte angerufen, sondern auch die Salinenarbeiter. Nicht weit weg, in der alten Salzstadt Hallstatt, findet sich auch das älteste Bild des Holzknechtpatrons, das wir kennen. Der Flügelaltar der dortigen Kirche, nach Schätzungen von Fachleuten ungefähr 1520 vollendet, zeigt auf zwei Gemälden die beiden heiligen Diakone (Diensttuende) Laurentius und Vinzenz; den ersten mit einem Rost als Attribut, St. Vinzenz mit einer Holzhacke.

Eine ganz ähnliche Darstellung hat sich in der St. Georgs-Kirche von Ruhpolding erhalten (eingeweiht 1754) mit dem Unterschied, daß der hl. Vinzenz ein Griesbeil in der Linken hält. Eine weitere Vinzenz-Figur (mit einem Trifthaken) steht in St. Martin bei Lofer. Das Münster von Basel beherbergt eine Schilderung seines Martyriums.

Da mag es schon überraschen, wenn man erfährt, daß es auch andere Heilige geben soll, denen Holzleute nahestehn: St. Joseph (weil er ein Zimmermann war), St. Wolfgang (der öfters mit einer Axt abgebildet wird) und St. Sebastian (vielleicht weil er den Märtyrertod an einen Baumstamm hingebunden erlitt).

Keiner von ihnen hat es aber geschafft, mit irgendeinem Brauch gegen das Vinzenzln oder Zenzln anzukommen. Dieser 22. Januar steht als Feiertag fest, da gibt's nichts anderes. Er hat seine anerkannten Spielregeln und seine Lustbarkeiten, er bringt Anerkennung und stellt neue Weichen für das Arbeitsleben. An diesem Tag treten nämlich auch die „Holzmeister" auf den Plan; das sind selbständige Unternehmer und Geschäftspartner der Waldbesitzer, die ihnen den Holzeinschlag übergeben. „Diese Holzmeister", erzählt Sepp Demleitner, „waren meist angesehene und auch wohlsituierte Gebirgler, die ihre übernommene Arbeit selbst gut verstanden und die auch in der Lage waren, für eventuell angerichtete Schäden finanziell gutzustehen. Erst am vorbestimmten Tallagerplatz wurde das Holz vom zuständigen Förster übernommen, und es erfolgte dann die Endabrechnung. So versteht es sich, daß jeder Holzmeister darauf bedacht war, in seine Gespannschaft nur tüchtige und fleißige Knechte aufzunehmen, die imstande waren, diese harte Arbeit durchzuführen. Deshalb wurde um die tüchtigen Burschen geworben; diese waren bald festgelegt, und vielfach blieben nur die Alten und weniger Tauglichen im Dorf übrig, für die kein Holzmeister Verwendung fand. Wenn bedacht wird, daß die Holzarbeit die einzige Beschäftigung im Gebirge war, die Geld einbrachte, so ist das Drängen zu dieser Arbeit zu verstehen, und es galt

schon als Ehre, bei einem guten Holzmeister als Knecht angestellt zu sein."
So war eigentlich der Nachtisch noch wichtiger als die Holzsuppe selbst, denn jetzt wußte jeder, wie er dran war und wie es weitergehen konnte. Sobald der Föhn kam und der Schnee von den Hängen wegtaute, packten die Holzknechte wieder ihre Vorräte in den „Plunder", wie sie den geflochtenen Rückenkorb nannten, schulterten ihr in den Wintertagen aufpoliertes Werkzeug und zogen bergwärts „ins Holz". Aber vorher gab's noch einen lustigen Abschied, wie wir aus diesen Liederzeilen erfahren:

Mei Axt und mein Rucksack,
a Mehl und a Bier
und a Salz und a Pfandl –
Pfüat di God, Mariandl –
i hab alles bei mir!

Zu dieser Ausrüstung gehört dann noch die Zuversicht, daß einen der hl. Vinzenz bis zur nächsten Holzsuppe schon wieder beschützen werde.

Robert Matzek

St. Vinzenz und das Wetter

St. Vinzenz Sonnenschein,
bringt viel Körner herein.

Wie das Wetter um St. Vinzenz war,
wird es sein das ganze Jahr.

Wenn Agnes und Vinzentis kommen,
wird neuer Saft im Baum vernommen.

Der Holzfäller

Du gehst am Morgen aus
mit festem Schritt,
von Weib und Kind und Haus
nimmst Du den Segen mit.

Da wo die Stille stand
im weiten Raum,
von Deiner starken Hand
fällt krachend Baum um Baum.

So bist auch Du gestellt
in Wirken und Geschehn,
wo einst Dein Arm gefällt,
die jungen Fichten stehn.

Georg Unterbuchner

Holzknecht-Denkmal in Ruhpolding von Andreas Schwarzkopf, 1959. Die Inschrift G.L. u F. besagt: Gewerkschaft Landwirtschaft und Forsten.

Holzknechtkirta

Einmal im Jahr, da haben die Holzknechte so richtig gefeiert. Ihr Kirta, ihr Kirchweihtag, war der 22. Januar, weil sie an diesem Tag auch ihres Schutzpatrons, des hl. Vinzenz, gedenken. Nach der ersten harten Winterarbeit war das für sie ein großes Fest, und dazu gehörte natürlich auch ein reich gedeckter Tisch. Man kam zur „Holzsuppe" zusammen, und das war einer maßgeblichen Quelle zufolge ursprünglich eine Suppe aus Waldpilzen; dieser Suppentopf hat sich aber mehr und mehr – in bewußter Abkehr von der überaus schlichten Kost „droben im Wald" – zu einem richtigen Festmahl mit so handfesten Fleischportionen entwickelt, daß viele Holzknechte „einen erklecklichen Rest als sogenannten 'Bschoad' im bunten Sonntagstaschentuch nach Hause nehmen konnten". Als eifrige Chronistin des Chiemgauer Volkslebens hat Franziska Hager auch eine Skizze vom „Vinzenzln" hinterlassen.

Am 22. Januar, dem Tag des hl. Vinzenz, an dem das Holz meist zu Tal gebracht ist, ist das Fest der Holzknechte, althergebrachter „Bauernfeischta" und großer Holzknechtzunfttag. An seinem Namenstag darf der Holzarbeiter nicht „go Holz" gehen. Die Vinzenzifeier oder der „Holzknechtkirta", kurz 's „Vinzenzln" genannt, gliedert sich in Gottesdienst mit festlichem Kirchenzug, Holzknechtmahl, bei dem der Rottmeister den Mahlgang kredenzt, und dem Holzerball, auf dem die Holzknechte im benachbarten Leogangtal in Tirol einen Tanz mit ihren Holzhacken aufführen. Dem festlichen Gottesdienst, einem feierlichen Hochamt, wohnen mit den Holzknechten und Forstarbeitern auch die Forstbeamten und Sägewerksbesitzer bei. Er gilt dem Gedenken verunglückter Holzknechte, wobei der Forstmeister den Opfergang um den Altar eröffnet. Nachher marschieren alle geschlossen ins Wirtshaus zur „Holzsuppe" und anderen weltlichen Freuden, zu denen der Rottmeister ein Faßl Bier stiftet. Auch die Sägewerksbesitzer zahlen nach altem Brauch den Holzern Bier und Essen. An diesem Tag gibt es statt Muas ein handfestes Trumm Fleisch. Manch einer netzt nach der sauer verdienten Maß Bier, „weils heit gleich is", seine Gurgel mit etlichen Stamperln Schnaps, denn:

> Der Schnapsrausch, sag'n d'Holzer,
> der geit woltern aus,
> kost net gar so vui Geld,
> in drei Täg schlafst'n aus.

Nach der Holzsuppe oder dem Holzknechtmahl beginnt der Ehrentanz. Der Meisterknecht führt dem Forstmeister ein ausgesucht schönes Dirndl zum Solotanz zu. Nach ihm tritt der Förster zum Solotanz an, dann der Meisterknecht mit der Seinigen, und nun flanklt oder tanzt alles drauf los und so lange, bis der Morgen die Dirndln heimwärts treibt.

Aber nicht nur die Holzknechte, auch die Wald- und die Sägewerksbesitzer wissen zu feiern. Als mich einmal der Weg an einem einsam gelegenen Sägewerk vorüberführte, lag dort ein Stapel mächtiger Bäume, mit Girlanden und bunten Blumen ver-

Gruppenbild mit Bier: Waldarbeiter feiern einen „blauen Montag" vor dem Forsthaus in Unternogg (Oberammergau), um 1912. Originalaufnahme im Besitz von Nikolaus Gündhardt, Unterammergau.

ziert. Oben auf dem Stapel steckte ein Tannenbuschen mit lustig flatternden bunten Bändern. Es waren die schwersten und schönsten Stämme, welche die bäuerlichen Waldbesitzer zur Säge angeliefert und dafür geschmückt hatten. Nach der Anfahrt mußte der Sägewerksbesitzer die Bauern mit Mahl und Freibier „auslösen", und ihren Bäuerinnen, die sich gleichfalls an der Anfahrt beteiligt hatten, mit Schleckwerk, „Gutln" und süßem Schnaps aufwarten.

Daß die Holzknechte von je auch tapfere Männer waren, wenn es galt, für Heimat und Vaterland ein-

Gruppenbild mit zwei Damen: Waldarbeiter, Fuhrleute und Bauern feiern gemeinsam am Faschingssonntag des Jahres 1933 vor dem Forsthaus in Fritz am Sand.

zustehen, geht aus einer Eingabe hervor, die das Holzmeisteramt Ruhpolding im Jahr 1790 mit der Bitte um Entlassung der Holzknechte vom Militärdienst einreichte, „da sie in der Heimat jederzeit zu kämpfen bereit seien und gegen die Panduren unter Führung des Wirtes Schwaiger von Zell Mauern erstiegen und die Panduren aus Stadt und Land gejagt haben".

„Holzknecht Thomas vom Schliersee". Aquarellierte Bleistiftzeichnung, Lorenz Quaglio (1822).

Kasnocken-Rezept

Man nimmt Mehl und Quark, Salz und Wasser, macht daraus einen mittelfesten Teig und sticht davon kleine Nocken ab; sie kommen in kochendes Wasser, und wenn sie aufsteigen, seiht man sie ab.
Jetzt gibt man Schmalz in eine Pfanne, läßt es heiß werden und röstet eine geschnittene Zwiebel, bis sie goldgelb ist. Dann kommen die Nocken hinein, etwas (harter) fein geschnittener Käse darüber zusammen mit Pfeffer und Salz. Alles tüchtig untereinanderrühren, bis der Käse schön verlaufen ist.
Fertig.

Der Holzknecht

Aber heunt is a Tag
And da schaugst Dir nit gnua;
Wier i 'naus bin in Wald
Um a Drei in der Fruah!

Die Sunna und d' Vögei'n –
Dös glanzt und dös schreit;
Ja mei', in der Fruah
Hat der Tag halt a Freud.

Und werd's nachher Zwölfe,
kimmt's Weibei daher;
Und bringt mir mein Buabn –
Ja, was willst denn no'(ch) mehr?

„Jetzt krieg'n ma Suppen,
Du Fretter, Du kloaner!
Gel', d' Holzknecht', die g'falln Dir?
Werst aar amal aner!"

Müd werd ma wohl oft –
Aber na moan' i schier,
Wenn i Enk wieder siech':
Daß i gar nix mehr g'spür!

Karl Stieler. (1884)

Von Holzknechten und Holzweibln

A ruassige Hüttn
Und's Bett volla Stroh,
Dös is insa Frettn,
Aba doch san ma froh.

Die Chiemgauer Schriftstellerin und Chronistin Franziska Hager hat uns nicht nur erzählt, wie die Holzknechte ihren Festtag begangen haben; sie hat uns auch eine Skizze aus deren hartem Arbeitsleben hinterlassen und knüpft damit eng an die Schilderung des früheren Ruhpoldinger Pfarrers Peter Bergmaier an. Damit bestätigt sie seine Aufzeichnungen auf sehr überzeugende Weise, fügt eine spannende Darstellung der winterlichen Holzbringung im Gebirge hinzu und läßt uns über die eingestreuten Vierzeiler aus dem Mund berufskundiger

Verseschmiede mitschmunzeln. Ein kleiner Ausflug in die Volkskunde, wie er lebensechter nicht sein kann.

*

Wo die chiemgauische Landschaft an das Gebirge grenzt, sind nach wie vor der Wald und die mit ihm verbundenen holzverarbeitenden Berufe Erwerbsquellen der Bevölkerung. Da wachsen mit den Fichten und Tannen des Bergwaldes auch die Holzknechte heran, die jahraus, jahrein beim Forst in Arbeit stehen.

> Ja, die Holzknechtbuama müaßn früh aufstehn,
> Müßn's Hackerl nehma a, in den Holzschlag gehn.
> Wenn die Sunn schö scheint und das Hackerl schneidt,
> Ham die Holzknechtbuama halt die größte Freud.

Noch zwinkert der letzte Stern in die aufsteigende Morgenröte, da treibt droben auf den Bergen in der „Bruathennhüttn", einem aus Balken und Pfählen gebauten, mit Baumrinde verkleideten Unterkunftsraum, der Meisterknecht seine Holzknechte von der Liegestatt auf: „Buam, auf in Gottsnam!" Der Holzknecht macht keine umständliche Toilette. Im Handumdrehen ist er gerichtet, zur Wanderung an seine Arbeitsstätte, den Holzschlag. Beten ist alter Holzknechtsbrauch. Darum hebt der Meisterknecht vor dem Auszug aus der Hüttn an: „Im Namen des Vaters und des Sohnes und des Heiligen Geistes." Mit dumpfem Gemurmel sprechen darauf die anderen Anrufungen und Bitte und Vaterunser zum heiligen Vinzenzi, ihrem Schutzpatron, zur Lieben Frau, zum hl. Florian und Sebastian, zum hl.

Schutzengel, beten für die armen Seelen im Fegfeuer, daß ihnen der Herr die ewige Ruhe verleihen möge. „Wir bitten um einen glückseligen Tag!" fügen sie am Schluß hinzu, ist es ein Montag: „Wir bitten um eine glückselige Woche!" In früheren Zeiten betete man auch den „Holzknechtrosenkranz", der jedes Geheimnis auf ein Ave verkürzt. Beim Verlassen der Hütte greift jeder in das neben der Tür hängende Weihbrunnkesserl und sprengt mit Daumen und Zeigefinger das geweihte Wasser im Namen des Vaters, des Sohnes und des Heiligen Geistes an seine Stirn.

> Und die Holzknechtbuama tuts ganz narrisch g'freun,
> wanns a Liedl singa und frisch Juhe schrein.
> Wann dös Liadl klingt und der Jodler hallt,
> gfallt's an Holzknecht wohl am bestn draußt in Wald.
>
> Der Ster in Hadermarkt hat gsagt,
> er hat a Pfanndl, wo er koa Schmalz net braucht,
> wann er muast.
> Der Kendler von Infang sagt:
> er hat a Pfanndl, so a guats,
> daß er's Schmalz no abschöpfa muaß.

Außer dem Muas fabriziert sich der Holzknecht seine „Brotmanndl", Preßknödel aus Brot, in Schmalz gebacken, dann mit Wasser übergossen und schließlich im Wasser gekocht. Zu seinen Leckerbissen aber gehören die „Langaus", in Schmalz und Wasser gesottene Teigflecke, die Kasnocken sowie die nicht mehr üblichen Holznudeln. Um zwei Uhr nachmittags wird die zweite Mahlzeit eingenommen.

Zum Feierabend ruft wieder der Meisterknecht über den Holzschlag hin: „Überoi hoau!" Ist der

Holzknecht noch ein Mann vom alten Schlag, dann sucht er sich den Stumpf eines frisch gefällten gesunden Baumes aus, hackt in seine Wundscheibe drei Kreuze und murmelt dazu: „Daß' rastn kina, dö arma Seeln und daß dö Drud net aufhockt." Und er denkt dabei an die bei der Holzarbeit Verunglückten, deren abgeschiedene Seelen für das fromme Gedenken den Holzern in ihrer schweren Arbeit schützend beistehen werden.

Mit solchen drei Kreuzen, die den Baumstumpf schon zeichnen sollen, noch ehe der Hall des stürzenden Baumes verklungen ist, hat sich der Holzer gleichzeitig geschützt gegen die Rache der Holzweibln oder Holzfräulein, denen er mit dem Baum den Wohnsitz umgeschlagen hat. Sie können nach altem Glauben auf dem bekreuzten Baumstumpf auf der Flucht vor dem wilden Jäger rasten, während Hexen hier keine Ruhe finden. Hätte ihnen der Holzer diese Rast nicht geschaffen, würden sie ihm mit verlockender Gestalt und blühendem Antlitz, vielleicht dem seiner Liebsten, erscheinen und ihn an eine Felswand locken, von der er nicht mehr zurückfinden könnte. Oder sie ließen die Felswand sich vor ihm auftun und hinter ihm rasch wieder schließen. Wem dagegen die Holzweibln, die ganz in graues Baummoos gehüllt sind und alte Runzelgesichter haben, gut gesinnt sind, dem schenken sie bei einer Begegnung grünes Laub, das sich, wenn der Betreffende zu Haus angekommen ist, in Gold verwandelt. Noch im vorigen Jahr (1938) traf ich im Wald bei Knappenfeld auf zwei frische Baumstümpfe, denen die drei Kreuze eingehackt waren.

Holzknecht mit Sappie. Lüftlmalerei am Schmiedhäusl in Hinterwössen (Chiemgau), Taubenseestraße 47. (Maler Kastl)

Einst war es auch üblich, daß der Holzer vor einem gesunden Baum, den er zu fällen im Begriff stand, den Hut abnahm und solcherweise um Vergebung für seine Handlung bat. Ja, die Ehrfurcht vor dem Baum als einem lebenden Wesen war einst so groß, daß heute noch gelegentlich alte Leute beim Betreten des Waldes den Hut abnehmen.

Nach der Abendmahlzeit beten die Holzknechte fünf Vaterunser, gerichtet an den hl. Vinzenz, die Liebe Frau und an die armen Seelen, und schließen: „Wir danken für den heutigen Tag und wir bitten um die Erlangung einer glückseligen Sterbestunde." Dann verkriecht sich der Holzer in sein Nest.

Hörst, wias schnarcha tean,\
daß 's grad so kracht,\
und dö Flöch toans beißn,\
wünsch ma guate Nacht.

Ein Holzer darf sich nachts nicht von seiner Arbeitsgemeinschaft trennen. Wer sich heimlich entfernt, muß zur Strafe anderntags öffentlich einen Rosenkranz beten (Berchtesgaden). Währenddessen herrscht tiefste Ruhe. Unterbricht einer den Sünder, wird er zu gleicher Strafe verurteilt.

In der Labau\
steigt der Raach au.\
Was kochans denn eah?\
Knödln, ja Knödln,\
gengant d'Holzknecht daher.

Am Montag sind sie ausgezogen mit ihrem Wochensack, einem Rucksack, in dem sie ihre herkömmliche Wochenatzung, einen Laib Brot, einige Pfund Schmalz und Mehl zum „Muasn" verstaut und dem sie das Muaspfanndl angehängt haben. Am Samstag kehren sie heim an den Herd zu Weib und Kind.

> Lang bin i ausgwen,
> glei ganze sechs Tag,
> aba, Buama, iatzt glab i,
> Daß mi dö Alt liaba mag.

Beim „Muasen", das will heißen: Es ist wieder einmal Zeit zum Essen. Das „Muas" (Mus) der Holzknechte war ein einfacher „Schmarrn" aus Mehl und Wasser, der in einer eisernen Pfanne mit siedendem Schweineschmalz zubereitet wurde. (Aufnahme aus den siebziger Jahren)

Ein richtiger Holzknecht braucht so viel „Schmalz", so viel Kraft, daß er einen echten Dürrling mit der bloßen Faust asten kann. Doch auch sonst war das Holzen noch nie eine einfache Arbeit! Sie mußte erlernt sein, und das namentlich in einer Zeit, da man die Baumsäge, die Wiegensäge oder das „Marterblech", wie sie volksmundlich genannt wird, noch nicht kannte. Vor 1870 hatte die ungefüge Hacke die Arbeit der leichter gleitenden Säge zu leisten. Jeder Stamm mußte umgehackt und abgehackt werden. Dabei sollte der stehenbleibende Baumstock ein sauberes Aussehen haben, sollte „kesselbödig", sein, also wie ein Kesselboden aussehen, was mit einer „moscheininga" (mondscheinförmigen) Hacke zu erzielen war.

Waldarbeiter beim Baumfällen und bei Pflanzenarbeiten. Lüftlmalerei an der Waldarbeitsschule in Ruhpolding-Laubau.

Um Michaeli, wenn auf den Bergen die Schneezeit einfällt, verläßt der Holzknecht die „Bruathennhüttn", den sommerlichen Wohnbau, in dem er mit den guten Geistern, den Wichteln, einträchtig gehaust hat, und zieht in die den Unbilden des Winters angepaßte Holzstube am Fuß des Berges. Bald darauf legt der Winter die steinerne Welt in sein weißes Schneebett, und damit ist die Zeit zum Abtransport des Holzes gekommen. Auf Ziehwegen muß der Holzknecht mit einem Hörndlschlitten, dessen Kufen vorne hornartig aufgehoben sind, das Holz ins Tal bringen. Das ist schwerste Arbeit. Begleitmann ist der Tod. Noch zu nachtschlafender Zeit beginnt

der erste Anstieg. Bedächtigen Ganges, einer hinter dem anderen, stapfen die Holzer durch den Schnee bergan. Ist der Anstieg steil und vereist, gehen sie mit „Krapperln", kleinen Eisen mit spitzen Krallen, an den Schuhen. Die mitgetragenen Eisenketten und Eisenstifte schlagen mit hellem Kling-Klang den Takt. Droben auf dem Berg wird der Schlitten beladen, Baum über Baum, eine Fracht von vielen Zentnern. Zwei bis sechs Holzstämme hängen als Nachschloapf oder Hemmschuh am Schlitten. Um die Kufen werden eiserne Ketten geschlungen, und als weitere Bremsvorrichtung sind zwei Tatzen handlich angebracht, eiserne Zacken, die sich durch Holzgriffe niederdrücken lassen. Zum Holzziehen gehören Bärenkraft und ein furchtloses Herz. Die Riesenlast im Rücken, steht der Holzknecht zur Abfahrt bereit. Mit einem Stoßgebet oder einem still gesprochenen Vaterunser hat er sich allen Heiligen und den Vierzehn Nothelfern anbefohlen. Mit dem Ruf „In Gottsnam!", wie es vor jeder schweren Arbeit gebräuchlich ist, oder mit einem hellen Juhschrei, die Füße fest in den Boden gestemmt, teufeln Holzknecht und Schlitten bergab. Und mit ihnen ist die Gefahr, lauernd, wie sie den Wagemutigen ins Verderben reißen kann. Bricht am Schlitten ein Kipf, reißt eine Kette, läßt eine jähe Kurve das Gefährt über eine niedere Schneewand hinausgleiten, dann heißt es „Guat Nacht, schöner Holzhackerbua!"

Waldarbeiter

Die runde Säge hängt ihm um den Hals,
Axt unterm Arm, so geht er morgens aus.
Hört seine Schritte hallen harten Falls —
Schlafblind, im Dämmer, steht noch Haus bei Haus.

Er hat den meilenweiten Wälderschritt,
Den Hut im Nacken und das Brot im Sack
Geruch von Harz und Borke führt er mit.
Und kleiner Feuer Reisigrauchgeschmack.

Des frischen Laubes süßen Moderduft,
Und Spechtgeklopf und Hähnerschrei und schwer
Den Wipfelsturz aus goldner Herbstluft —
Axtruf, lang lautend von den Halden her ...

Ina Seidel

Der alte Holzer

Mir g'hört vom ganza Holz koi oizea Ruat,
Koi Tannazapf, koi Stäudle ischt mr oiga.
Ond trotzdeam acht i's als mei Hoimatguat,
Könnt iaderma' mei Glück, mein Reichtom zoiga.

Ja, liabe Leit, des ischt a bsondra Sach
Ond net so mir nix dir nix zom begreifa.
I kriag mein Loah für d'Arbat, wo i mach,
So moinat'r, ond könnt auf ds andre pfeifa.

Es ischt net so. Denn ds Holz ischt koi Fabrik;
A sotta ka nor Loah ond Arbat geba.
Wann's ds Schichta pfeift, liegts toat.
Des ischt ihr Gschick.
Mei Holz doch lebt mit hondertausad Leba.

Ond ois von selle Leba, des ben i,
A Stück vom Holz, i hör's ja en mr rauscha.
Sei Glück, sei Noat, sei Alles fallt auf mi
Ond weard mei Toil. — I möchts mit nix vrtauscha.

I sig, wia ds Pflänzle treibt en Jugendkraft,
I sig, wia's lebt ond strebt ond Zukunft wittert,
I sig a Bom, dean's schnöllt em volla Saft
Ond dean dr Sturm em Sturz ge Boda splittert.

I g'hör zom Leba ond i g'hör zom Toad,
Weil alle Tag mei Beil an d' Wurzla prasselt.
I kenn des Zittra en dear schere Noat,
Wann d'Säg em Bom so durch da Keara rasselt.

Des muascht vrstanda, wann d' a Holzer bischt. —
Es ka des Rauscha diamol anderscht komma.
Mein Ältschta hot's mr vor drei Johr vrwischt,
Weil d' Oich em Sturz dia falscha Richtong gnomma.

Ds Holz hot mr grauscht, oh auf deam schwera Weg.
Da toata Bua honts vor mir ane traga. —
Heit schafft mei zwoiter mit mr an dr Säg;
Er macht se guat, bis iatz wär nix zom klaga. —

Mei Holz, os lebat zwischa Tag ond Nacht.
Wia lang no? muaß i bal so langsam froga.
Bal ben i siebzg, dia gröaschte Sprüng send gmacht,
Denn was do lebt, hot ja da Toad vor Oga.

Amol kommt d' Zeit, amol isch oh an mir,
Daß mi do daußta mit am andra tauschat. —
Am liabschta möcht i halt mei Grab bei dir,
Do wo so starke, alte Tanna rauschat.

Michel Eberhardt

Die Holzknecht
san mutige Leut

Die Unerschrockenheit der Holzknechte, wie sie sich etwa bei Hilfeleistungen für die Jäger gezeigt hat, ist eine Sache; ihre gefahrvolle und harte Arbeit eine andere. So eine Woche im Bergwald konnte lang werden, und die Lebensbedingungen waren dort mehr als schlicht. Peter Bergmaier aus Ruhpolding hat Leben und Arbeit bayerischer Holzknechte bereits beschrieben. Eine ähnliche Darstellung aus der zweiten Hälfte des 19. Jahrhunderts überliefert uns Heinrich Noë und bezieht sich dabei auf Verhältnisse im Salzkammergut; im Mittelpunkt seiner Betrachtungen steht das Leben in der Rindenhütte. Wenn es an Feierabend darum geht, die eiserne Pfanne aufs Feuer zu setzen und den müden Muskeln wieder neues Schmalz zuzuführen, dann legen auch die österreichischen Holzknechte die gleichen Gewohnheiten an den Tag wie ihre bayerischen Nachbarn. Nur mit dem Unterschied, daß rund um die Feuerstelle Begriffe auftauchen, die in einem anderen Sprachschatz wurzeln.

*

Am Montag in aller Früh kann man dem Holzknecht begegnen, wie er in der Dämmerung mit seinem ledernen Rucksack beladen den Bergpfad ansteigt. In vielen Gegenden nennt man diesen Sack auch „Wochensack", weil der Knecht darin mitnimmt, was er die Woche über braucht: Mehl, Brot, Schmalz, und wer besonders üppig leben will, wohl auch ein Stück Geselchtes.

Endlich ist die Hütte erreicht. Mitten in der geräumigen „Stube", an deren Wänden Bretter hinlaufen, die Schlafstätten der Knechte, erhebt sich der lange Herd, auf dem bereits gewaltige Feuer prasseln, über denen Häfen mit siedendem Wasser stehen. So viele Knechte in der Hütte wohnen (die Arbeitsgemeinschaft heißt ein „Paß"), so viele Häfen stehen da. Das alles hat der „Gäumel" besorgt. Als Gäumel beginnt und endet in den meisten Fällen das Holzknechtleben, denn entweder ist er ein ganz junger Bursch oder ein alter, ausgedienter Knecht. Er besorgt dem Paß das Hauswesen, spaltet Holz, macht Feuer, kocht Wasser. Wehe ihm, wenn er vergessen hat, einem das Geschirr herzurichten.

Wenn der Knecht in die Stube tritt, nimmt er seinen Spitzhut ab und bedeckt sich mit der landesüblichen Zipfelhaube. Der Meisterknecht oder Rottmeister betet vor, und nun geht es an den flammenden Herd zur Bereitung der „Nocken".

Der Teig liegt in einer Schüssel von Zirbenholz.

Jetzt hebt der Knecht seinen „Muaßa", einen langen Holzstiel, dessen eines Ende zu einem tief ausgehöhlten Löffel verarbeitet ist, während das andere Ende flach und breit ausgeht. Er ballt mit dem gehöhlten Ende aus dem Teig von Wasser, Salz und Mehl Kugeln und wirft sie in den Hafen mit heißem Wasser, wo sie bald zitternd in die Höhe tanzen. Es sind meist acht, die er einlegt.

Mittlerweile siedet in einer eisernen Pfanne Schmalz. Der Knecht holt nun mit dem Muaßa die Nocken aus dem Wasser und legt sie in das flüssige Schmalz, damit sie braun rösten. Es gewährt einen seltsamen Anblick, die Männer in langer Reihe vor den Feuern stehen zu sehen, deren Glut bald unerträglich wird. Jeder hält den langen Stiel seiner Pfanne am äußersten Ende. Weil er wegen der Hitze nicht in die Pfanne langen kann, schlägt er den langen Stiel oft an seinen rechten Schenkel, damit die Nocken sich bewegen und nicht anbrennen. Sind die fertigen Nocken verspeist, so wird noch das Wasser genutzt, in welchem die Nocken gesotten wurden. Sie schneiden Brot in die Brühe, in der Teigreste schwimmen, gießen etwas Schmalz daran und verzehren auch dies. Dann wird zur Arbeit aufgebrochen.

Bei warmem Wetter gehen sie hemdsärmelig hinaus — eine Weste ohne Ärmel, Lederhosen, grobe wollene Strümpfe und dicke, schwerbenagelte Schuhe bilden dann ihre Bekleidung. Bei kühlem, stürmischem Wetter kommen eine kurze Wolljacke und ein Wettermantel dazu. Letzterer ist aus schwerem Wollstoff gefertigt, und sie werfen ihn in die Lohe, damit er ledern wird, braun, lohfarbig, wasserdicht.

Holztriften in der Partnachklamm. Nach dem Leben gezeichnet von R. Reschreiter, 1899.

Das Fällen der Bäume ist auf ebenem Boden keine schwere Anstrengung, wohl aber auf Vorsprüngen von Felswänden, von wo oft eine einzelne Lärche oder Fichte geholt werden muß. Da müssen sie nicht selten schwere Steigeisen anlegen, um nicht abzustürzen. Das gefällte Holz bleibt liegen und wartet auf den Winter, die glatte Schneebahn, auf der sie meist von Zugtieren ihrer Bestimmung entgegengeschleift werden. Nichts fürchtet der Bergbewohner so sehr wie einen schneelosen Winter. Nicht der dritte Teil der üblichen Holzmenge kann dann herabgebracht werden. Die Leute können auf den Bergen nicht arbeiten, Sagmühlen und Flößer müssen feiern – Verdienstlosigkeit ist die Folge.

Inzwischen ist es Zeit, unsere Knechte von der Arbeit weg in die Hütte zurückzubegleiten, wo sie von ihrem Tagwerk ausruhen. Schon lodert wieder die Flamme, vom Gäumel angezündet. Manchmal langt er auf die „Widozen", die beiden Stangen über dem Herd, und zieht Holz herab, um nachzulegen. Abermals werden Nocken gemacht.

Ist die Luft draußen mild, so wird vor der Hütte unter dem „Schopfen", dem Vordach, zu Abend gegessen. Das Getränk ist meist Quellwasser. Manchmal reicht aber auch einer seinen Branntwein herum, und dann wird „tabakelt", das heißt geraucht und geredet. Das Gespräch erstreckt sich auf Vorfälle bei der Arbeit oder auch auf die Jagd, welche die heimliche Leidenschaft mancher dieser Gesellen ist. Das Stroh der Schlafstelle könnte davon zeugen – dort sind die Büchsen versteckt, bis sie hervorgeholt werden, wenn der laue Sommerabend zum „Anstand" lockt. Im angrenzenden Salzburg, wo ein großer Teil der Bevölkerung Interesse an Ge genständen von allgemeiner Bedeutung zeigt, habe ich öfter gehört, wie Holzknechte sich über Politik und Gemeindeangelegenheiten unterhielten — in Bayern bleiben sie bei ihrem Leisten.

Ist die Stimmung recht heiter geworden, so ertönt wohl auch Musik aus der Mundharmonika und dazu Almenlieder.

Während aber die älteren bereits gähnen und sich rüsten, auf die „Grat" zur Ruhe zu gehen, während sie schon ihr „Rasch", das lange Gras, das im Schlag wächst, aufbetten und den Wettermantel herablangen, der ihnen als Zudecke dienen soll, sinnen die jüngeren Knechte auf Abenteuer. Jeder weiß eine Almhütte, wo man längst auf Besuch wartet. Da schnitzt er Späne zum Feueranmachen, zackt sie am Rand schön aus und nimmt einen ganzen Buschen davon als Geschenk für sein Mädchen. Die Almerinnen sind stolz auf ihren Spänereichtum, denn je höher der Spanhaufen, desto größer die Zahl der Verehrer. Als Gegengabe wird dem Besucher ein Schmarrn bereitet. Unter scherzhaftem Reden und Singen vergeht die halbe Nacht.

So verrinnt die Woche, und es kommt der Samstag heran, an dem sich jeder auf die Rückkehr ins Tal freut. Gleich nach dem Essen wird der Rucksack gepackt, und dann geht's hinab, der Ruhe, dem Wirtshaus zu. Was einer findet — Beeren, schöne Schwämme oder seltene Blumen — nimmt er mit hinab, und fast alle tragen wieder einen Buschen Holzspäne bei sich, den sie unten verschenken.

Es ist in der Tat ein derbes, wackeres, treuherziges Geschlecht.

Der Holzhauer

Um meine kleine moosbewachs'ne Hütte
Schwärmt aller Sorgen schwarzberußtes Heer;
Mit schwankendem, kraftlosem, kleinem Schritte,
Die Axt im Arm, schleich' ich in meine Hütte;
Denn Luft zu leben hab' ich, ach! nicht mehr.

Wenn aber du, braun Mädchen, guter Sitte,
Dein Herz, so hart als wie der Eichen Ast,
Erweichen lässest; wenn ich dich erbitte,
Zu sein bei mir in meiner kleinen Hütte
Mitträgerin der schwersten Lebenslast:

Dann kehr' ich munterer in sie zurücke,
Die Axt im Arm, ermüdet, aber frisch,
Und seh' mich um nach deinem Liebesblicke!
Dann fühl' ich Luft zu leben und erquicke
Mein mattes Herz an deinem kleinen Tisch.

Dann schütt' ich alle meines Lebens Sorgen
Dir in den Schooß, ich lieg' an deiner Brust
Und schlafe süß bis an den frühen Morgen,
Und wach' ich dann, dann dünk' ich mich gborgen
Und lange noch zu leben hab' ich Luft!

Johann Wilhelm Ludwig Gleim

Wenn der Triftbach rauscht ...

In jener Zeit, da es in den Bergwäldern nur wenige Wege gab, und der mit 2 PS getriebene Wagen das wichtigste Transportmittel war, da half das Wasser der Gebirgsbäche, um Holz dorthin zu bringen, wo es gebraucht wurde. Zu den Salinen beispielsweise, die damit die großen Sudpfannen zum Gewinnen von Salz beheizt haben. Alle großen Holzverbraucher bekamen bis ins 20. Jahrhundert hinein ihren Nachschub auf dem Wasserweg. Holz wurde getriftet (= getrieben), wie man diese Beförderungsart nannte. Sie zählte zu den schwierigsten und gefährlichsten Arbeiten eines Holzknechts, wenn es etwa galt, verkeilte oder in engen Schluchten hängengebliebene Hölzer wieder zu lösen.

Eine lebendige Vorstellung von so einer Triftarbeit bei Berchtesgaden gibt uns Max Haushofer; wir schreiben das Jahr 1825. Er beschreibt auch die Arbeit der Holzknechte im Bergwald und erklärt, wie man – heute noch – Holz auf „Loiten" und „Riesen" zu Tal bringt. Ein paar Jahrzehnte später geht es beim Triften von Bauernholz bei Garmisch und Partenkirchen ganz ähnlich zu, wie uns ein anderer alpenländischer Chronist überliefert, nämlich Heinrich Noë. Stil und alte Schreibweise wurden in beiden Fällen beibehalten.

*

Wandre mit mir den prächtigen Waldsteig entlang, der von der Ramsau nach dem Hintersee führt. Wild schäumt der Bergbach neben uns. Sein Wasser, sonst kristallhell um weiße und moosgrüne Felsblöcke plätschernd, ist heute trüb, grau und hochgeschwollen; mit donnerähnlichem Rauschen wälzt es Tausende und aber Tausende von braunen Holzblöcken daher. Einzelne dieser Holzblöcke sind dick wie Eimerfässer, andere schmächtiger; rund und braun sind sie alle, soweit ihnen nicht die stürmische Thalfahrt schon ihr Rindengewand in Fetzen abgerissen hat. Man möchte jedem dieser Holzblöcke nachschauen, wie er seine Reise vollbringt, wie das wilde Wasser ihn dreht und wirft, ihn ab und zu zwischen ein paar Felszacken klemmt, um ihn nach einigen Minuten wieder loszureissen und weiterzuwirbeln. Namentlich dort wird das Ding interessant, wo der Waldstrom zwischen mehr als mannshohen Felsblöcken sich durchdrängt und über sie herabstürzt, um dann unheimliche, wirbelnde Trichter zu bilden, in welche die Hölzer hinabgezogen werden. Man glaubt, sie kämen nimmer zum Vorschein – plötzlich schnellen sie sich wie Fische wieder empor und schiessen dahin, thalabwärts.

Und nun kommen uns auch zwei Männer entgegen, denen die schwere und nicht ganz gefahrlose Arbeit zuteil geworden, die Thalfahrt dieser Hölzer zu leiten. „Holzknechte" heissen diese Leute in den bayerischen Bergen. Hochgewachsene kraftvolle Gestalten sind's mit wetterbraunen trotzigen Gesichtern. Sie tragen einen grünen Spitzhut mit einer Feder darauf, Joppe, kurze Lederbeinkleider, Strümpfe und schwere eisenbeschlagene Schuhe. Als besonders auszeichnend und malerisch an ihrer Tracht aber erscheint ein breiter dunkler Lederkragen. In dieser vollen Tracht, zu welcher auch noch der Rucksack und die Axt über der Schulter gehört, erscheinen sie aber nur, wenn sie zur Arbeit ausziehen. Jetzt, wo wir sie mitten in der Hantierung sehen, ist Joppe, Kragen, Rucksack und Axt zurückgeblieben; dafür ist jeder mit dem Griesbeil, einem langstieligen Hacken, bewehrt, der ihm Bergstock und Werkzeug zugleich ist.

Die Aufgabe dieser Männer und ihrer nach ihnen kommenden Kameraden ist es, den Waldbach herab das getriftete Holz zu begleiten und jeden Block, der sich etwa zwischen Felsen festklemmt oder ans Ufer herausgeworfen ward, wieder in die nasse Bahn zurückzustossen. Nicht selten kommt es dabei vor, daß Dutzende von Blöcken durch die schäumenden Wasser auf einen Haufen getürmt werden, der dann mitten im Wildbach liegt, ein bedenkliches Hindernis für die nachkommenden. Da gilt es dann oft genug, bis an die Knie oder wohl auch bis an die Brust im eiskalten Wasser zu stehen und in wilder Hast an dem Trümmerhaufen zu stossen und zu ziehen, bis er zerfällt und unwillig seinen rauschenden Weg fortsetzt. Bewunderungswürdig ist es, mit welcher Geschicklichkeit die Holzknechte auf die nassen flutüberströmten Steine springen, um von da aus die Hölzer weiterzustossen, wie sie auf schwankenden Holzinseln Fuß fassen, diese Inseln unter sich zertrümmern und sich dann aus den Trümmern wieder ans Ufer schwingen, um weiter flussabwärts dasselbe mühsame Werk von neuem zu beginnen.

In so ausgedehnten Waldungen, wie sie sich in unseren bayerischen Bergen finden, kann ein ansehnlicher Teil der arbeitsfähigen Männer jahraus jahrein volle Tätigkeit bei der Waldarbeit finden. Da ist auch die Waldarbeit die bevorzugte Tätigkeit. Die fleissigsten und tüchtigsten der Holzknechte sucht die Forstverwaltung möglichst ununterbrochen zu beschäftigen, um sich so einen Stamm der kundigsten, gewandtesten Arbeiter zu erhalten. Der richtige Holzknecht wächst schon von kleinauf in den Beruf hinein, indem er als Bube schon seinem Vater oder seinen Brüdern, die auch Holzknechte sind, Brot, Schmalz und Mehl in den Bergwald hinaufträgt.

Wie die Arbeit des Holzknechts eine mannigfache ist, so auch sein Arbeitsgerät. Das wichtigste Stück davon ist freilich die Axt, wieder verschieden, je nachdem sie zum Fällen der Bäume, zum Asthacken oder zum Spalten dienen soll. Daneben muß der Holzknecht aber auch das Beil, das Faschinenmesser und Putzmesser, die zweimännige Säge, die verschiedenen zum Stockroden dienenden Vorrichtungen handhaben können; und zum Holztransporte bedient er sich wieder anderer Werkzeuge. In dieser Mannigfaltigkeit der Hantierungen und Werkzeuge liegt schon unzweifelhaft ein gewisser Reiz der ganzen Thätigkeit. Ein weit größerer Reiz liegt freilich in der Pracht und Größe des Bergwalds, der die Arbeitsstätte und die eigentliche Heimat des Holzknechtes ist. Dabei ist die Arbeit meistens eine kameradschaftliche; Mühsal und Gefahr, Mahlzeit und Rast werden mit treuen Genossen geteilt.

Die Arbeit des Holzknechts beginnt mit dem Niederschlagen der Stämme. Hochstämmige Fichten sind es, die den größten Teil des schlagbaren Holzes in den bayerischen Bergwäldern ausmachen. An einem abzuholzenden Schlage ist immer eine größere oder kleinere Rotte von Arbeitern beteiligt, der vom Forstamt aus ihre Arbeitsstätte für die nächste Zeit zugewiesen ist. Frühmorgens beginnen die Männer ihre Arbeit. Dann hallt mit hellem Klange der Schlag der Äxte durch den schweigenden Wald. Gleichmässig geht es fort, Schlag auf Schlag, bis auf einmal ein Knirschen und Krachen fernhin verkündet, daß wieder einer von jenen Baumriesen gefallen ist, die so lange ihre Wurzeln in das braune Erdreich und um die weißgrauen Kalkfelsen schlangen. Es ist ein kühnes und starkes Stück Arbeit, einen solchen Baumriesen niederzuwerfen, denn er darf nicht dorthin fallen, wohin er zu fallen Lust hat, sondern er muß dorthin geworfen werden, wo man ihn haben will, wo er am wenigsten anderes Holz schädigt, wo er selbst beim Sturze am wenigsten Schaden leidet, und wo er für die Zwecke des Abbringens am bequemsten liegt.

Wenn die Bäume auf dem Boden liegen, aus welchem sie einst stolz und grün himmelan strebten, dann beginnt jener Teil der Arbeit, der die Stämme nach den wirtschaftlichen Zwecken, welchen sie dienen sollen, behandelt. Sie werden abgeästet und dann nach der Entscheidung der Forstbehörde entweder zu langem Bauholze, zu Sägeklötzen und sonstigen Werkhölzern oder zu Brandholz verarbeitet. Das ist eine minder lustige Arbeit, namentlich wenn es an die Zerkleinerung der Wurzelstöcke geht. Hernach gilt es noch, die gewonnenen Hölzer, die ja nunmehr im Holzschlag durcheinander liegen, zusammenzubringen, sie innerhalb der entwaldeten Fläche, am Rande derselben oder an einem nahegelegenen Orte, dem Ganterplatz, aufzustapeln. Das besorgen auch wieder die Holzknechte mit sehr einfachen Mitteln und Werkzeugen. Je nach ihrer Größe, Form und Lage, nach der Gestaltung des Bodens und der Länge des Weges werden die Hölzer an ihren bestimmten Platz entweder getragen, gefahren, auf dem Boden geschleift, geschlittelt, gewälzt und gefällert; oder man läßt sie abschießen, über steile Felswände werden sie abgestürzt oder abgeseilt. Obschon die Art und Weise dieses Zusammenbringens von Forstbeamten vorgeschrieben wird, bleibt doch noch Spielraum genug für die Erfindung der Holzknechte in der Ausführung dieser Aufgabe. In den Bergen, wo ja der Wald fast immer auf einer mehr oder weniger steil abfallenden Fläche steht und das Holz nach einem tiefer gelegenen Ganterplatze zusammengebracht werden muß, dient ihm sein eigenes Gewicht vielfach als bewegende Kraft, die allerdings durch die arbeitende Hand des Menschen gelenkt werden muß. Die schwierigste und gefahrvollste, aber auch interessanteste Arbeit ergiebt sich beim Zusammenbringen von Langhölzern und schweren Säg-

Holzknecht am Triftbach

bäumen. Da mag auch der einfache Holzknecht einen wirklichen technischen Scharfblick entwickeln. Mit einem Ruck seiner Axt lupft er das talwärts gekehrte Stockende eines Stammes, der auf stark geneigter Fläche liegt – und der Stamm schießt hinunter in die Tiefe, bis er auf irgend ein Hindernis trifft. Manchmal treffen mehrere Stämme in einem flachen Graben zusammen; rasch benützen die Holzknechte das, um aus etlichen Stämmen eine Art Gleitbahn zu bilden, über die man die höher gelegenen Stämme abschießen läßt. „Loiten" heißt man solche Gleitbahnen; dieselben verlängern sich von selbst nach unten, indem die abschießenden Stämme nur bis ans untere Ende der Loite rutschen und dort wieder für ihre Nachfolger neue Gleitbahn bilden. Ist der Boden aber gefroren und ein wenig mit Schnee bedeckt, so braucht es gar keiner solcher Loiten; dann schießen die Hölzer ohnedies bereitwillig abwärts. Brandholz wird häufig „gefällert", indem man die einzelnen Trümmer mittels der Krempe in Bewegung setzt und es dann ihrer Laune überläßt, in wilderen oder zahmeren Sprüngen, oft in den tollsten Purzelbäumen, den Abhang hinabzusetzen. Am prächtigsten und großartigsten aber ist der „Holzsturz", wobei die mächtigsten Sägbäume über hohe Felswände herab geworfen werden. Unvergesslich bleibt dieses Schauspiel jedem, der einst am Königsee mit angesehen hat, wie über die Schrofen die Stämme herabsausen, um in einem Sprung von mehr als tausend Fuß in den See zu stürzen und dann vom Gegendrucke der hochaufklatschenden Flut wieder bis über den Seespiegel heraus geworfen zu werden.

Den letzten Teil der Holzknechtsarbeit bildet der

Holztransport bis dahin, wo die ordentlichen Verkehrsmittel, Straßenfuhrwerk und Eisenbahn, das Holz übernehmen. In neuerer Zeit hat mit der Verbesserung der Waldwege der Schlittentransport durch Pferde immer mehr das Übergewicht über die anderen Transportarten gewonnen. Aber trotzdem findet man auch in unseren Wäldern noch oft genug die Holzbeförderung auf Riesen, durch Trift und Flösserei.

Holzriesen sieht der städtische Bergwanderer nicht leicht in Tätigkeit, weil die Arbeit an ihnen fast nur im Winter und Frühjahr geschieht. Diese Riesen sind stets geneigte Rinnen, entweder aus Holz, oder in die Erde gegraben. Die im Herbst und Winter aufgehäuften Holzmassen läßt man durch die Riesen entweder trocken oder naß oder bei Schnee und Eis abschießen. Haben die Holzknechte eine größere Quantität Holz abgeschossen, um zum Holzschlage zurückzukehren und eine neue Ladung zu holen, so steigt einer von ihnen, die Füße mit Steigeisen bewehrt, in der Riese abwärts, um dieselbe wieder von den etwa liegengebliebenen Rinden und Holzspänen zu säubern. Sind seine Kameraden inzwischen mit neuer Last zurück, so wird er, da er von oben nicht immer gesehen werden kann, durch den Zuruf „Fluig ab" aufgefordert, die Bahn zu verlassen. Er verläßt die Riese, antwortet mit weitschallender Stimme „Reit ab", — und nun sausen die Hölzer wieder herunter.

Ausgeworfen werden die Hölzer entweder in ein Triftwasser, oder an einen Stapelplatz neben einem Waldwege. In letzterem Fall sind am Auswurfplatz einige Holzknechte damit beschäftigt, die ausgeworfenen Hölzer schnell bei Seite zu schaffen. Das ist eines der gefahrvollsten Geschäfte dieser Männer. Mit ihren Hacken bewehrt, müssen sie die Langhölzer und Sägbäume, die als todbringende Geschosse in der Riese herabsausen, sofort erfassen und zur Seite rollen, ehe die folgenden ankommen.

Noch eigenartiger als bei den Holzriesen ist die Arbeit bei der Holztrift. Hier gibt's einen Kampf mit dem Wasser, mit dem Gestein und mit dem Holze zugleich. Die wilden Bergbäche unserer Alpen werden fast überall als Triftwege benützt. Auf stundenlange Strecken sieht man es ihnen oft nicht an, daß sie irgend einem wirtschaftliche Zwecke dienen können und müssen. Dann aber, wenn man auf dem schmalen, oft kaum bemerkbaren Triftsteig entlang wandert, der sich am Wildbache hinzieht, gelangt man plötzlich an eine Klause. So heißt man die Bauten, welche aufgeführt sind, um die Triftbäche künstlich aufstauen und hernach durch Öffnen der Klause auf einmal größere Wassermengen benützen zu können, als der Triftbach für gewöhnlich enthält. Mitten in den einsamsten Hochtälern findet man mitunter diese Klausen, in schweigender Waldeinsamkeit die einzigen Spuren menschlichen Wirkens.

Wenn der Kukuk im Bergwald singt und die blauen Gentianen auf den Wiesen stehen, das heißt im Mai und Brachmonat, da gehen die Förster im Walde umher und zeigen den Leuten das Holz, das ihnen zu schlagen erlaubt wird. Der Juli geht darüber hin, bis die Stämme zerkleinert, „gemacht" sind. Dann schafft man sie an's Wasser, an's Gestade der Partnach, wo sie vorerst in unregelmäßigen Stößen aufgeschichtet werden, bis der Stand des Flusses so günstig erscheint, daß man ihm die Fichten-Scheiter (Buchenholz ist nur sehr wenig darunter) anvertrauen will. Diejenigen, denen ihr Holz das Loos im hohen Schachen- oder Stuibenwald zugewiesen hat, werfen es von dort herab. Die bekannten Prügelbahnen, Holzrissen, lohnen nicht der Mühe – die Scheiter tollern in einfachen „Würfen" zum Wasser herab.

Da in den Wellen der Partnach die Hölzer verschiedener Eigentümer vom ungeschulten Wasser gesetzwidrig durcheinander geworfen werden, so ist es notwendig, dieselben zu zeichnen. Das geschieht ohne Anstrengung der Einbildungskraft vermittelst eingehauener Striche, Kreuze, oft auch nur durch Röthel an den Schnittflächen, insbesondere bei Rundlingen. Es kommt vor, daß die Leute, denen das Holz gehört, durch andere Beschäftigungen abgehalten werden, sich gerade im Juli um das Zubereiten desselben zu bekümmern und erst in den späteren Herbstmonaten dazu kommen zu hakken, zu sägen und abzuwerfen.

Als Regel gilt der Monat August für die Zeit zum Triften oder „Holzrennen". Die Scheiterhaufen stehen, durch die Kunst der Fäller wohl gegen einander ausgezeichnet, am Rande des Bergstroms und warten auf die Reise kopfüber, durch Gischt und Strudel, die ihnen bevorsteht.

Zur Festsetzung des Reise-Anfangs ist das Wetter da. Regnet es sehr stark und ist ein mächtiges Anschwellen des Wassers voraussichtlich, so unterläßt man es aus Besorgnis, die aufgestaute Flut mit ihrer Scheiterlast könnte draußen bei Partenkirchen den Holzrechen durchreißen, der die Ankömmlinge aufhalten soll. Dagegen darf auch sein jähes Fallen des Wassers vorhergesehen werden – denn die Flut, die plötzlich sinkt, läßt ihre Hölzer auf Schotterbänken, Felsenkanten, in Aushöhlungen und Rissen nachlässig liegen. Ist Schnee auf den Bergen gefallen, so wird deshalb das Triftwasser als im allerschlechtesten Zustand befindlich erachtet – denn bei der Kälte fließen die Adern dort oben schlecht. Geraten jene verspäteten Trifter in den Oktober hinein und sie gewahren an einem Morgen die Kaltschrofen silberglänzend zugedeckt, so müssen sie ihre Arbeit für dieses Jahr ruhen lassen und sich auf den nächsten Lenz vertrösten.

Die ordentliche Gelegenheit zum „Holzrennen" wird vom Wetter gegeben, wenn man ein allmäliges, sanftes Wachsen des Bergstromes bemerkt. Dann werden die Scheiter in's Wasser gestoßen und fort geht's – anfänglich ziemlich friedlich durch die Ries-Auen und Wald-Ufer des Rain-Tales, dann aber, wenn die Flut den Engen entgegenwirbelt, immer rascher, dichter aneinander gedrängt und oft umschlagend im Gewoge.

Endlich ist kein Platz mehr für ein Nebeneinander. Die Ufer, bisher Waldsaum, sind auf zwei Klafter Entfernung zusammengerückt und sind Wände geworden. Anfänglich schiebt noch ein Klotz den anderen, aber wenn der Klötze in den Windungen des Schiefers, der aussieht, als ob sich ein großer Wurm wie die Midgardschlange durch ihn hindurchgefressen hätte, gar zu viele geworden sind, so können sie nicht mehr weiter und verfallen der Trägheit.

Jetzt ist die Zeit der Männer gekommen, ihnen beizustehen. Sollte irgend jemand durch diese Zeilen sich angeeifert fühlen, einmal dem Spektakel zuzuschauen, so stelle er sich auf die oberste Klammbrücke bei Graseck, dem gewöhnlichen Ziele der Klammpilger. Dort sieht er in den Abgrund, der kurz vor der Brücke, die schwindelig schwebt, eine Biegung macht. Die Hölzer in der Tiefe poltern in den Schlund herein.

Da soll einer hinabgelassen werden, um die festgesessenen Hölzer flott zu machen. Eine Schlinge wird ihm um den Leib gelegt. Er sitzt auf einem Prügel, der am Ende des Seiles als kurze Querstange befestigt ist. Auf dem Kopfe hat er einen leichten Kübel von Holz, damit Steine, die abfallen, seinen Schädel nicht belästigen. Das Seil ist um einen Baum geschlungen und läuft nochmal über eine

Holzstau in der Klamm

Rolle, die an einem anderen Baumstamm befestigt ist. Während drei bis vier Genossen dasselbe vorsichtig ablassen, zurückgebeugt mit aller Kraft es hemmen, daß es von seiner Kraft nur Hand- um Handbreite in die Tiefe gezerrt wird, dreht sich, der Bewegung des Taues folgend, der Abfahrende, zugleich sein Griesbeil benützend. Das Griesbeil ist eine Haue aus einem langen Holzgriff, einem eisernen Haken und eben solcher Spitze bestehend. Schon bei der Arbeit im Bergwald wurde es von dem Holzfäller gebraucht, um Holz bis auf den „Wurf" herauszuziehen oder es in's Wasser zu stoßen — jetzt dient es ihm, um sich mit der Spitze von den Hervorragungen der Felswand abzuhalten, gegen welche ihn die drehende Bewegung des Seiles schlagen möchte.

Und wieder sein unentbehrliches Werkzeug wird die Grieshacke, wenn er einmal unten angekommen ist und sich vom Seile abgelöst hat. Dann spießt er die Hölzer, die sich festgerannt haben, und wirft sie in's fortstrebende Wasser oder zerrt die übereinander getürmten auseinander. Wenig sanft greift er sie an — werden ja auch die Leute nicht sanft angegriffen, die in den Engpässen des Lebens nicht mehr weiter können.

Von oben herab sieht diese Hantierung so grob nicht aus, aber wir würden anders urtheilen, wenn wir selbst in der Tiefe zwischen den Hölzern stünden. Schon das Herabseilenlassen erfordert einen sicheren Kopf, nicht minder aber auch der Donner des Wassers und der Blöcke, der dort unten viel betäubender hallt als nach oben hinauf, wo über den Rändern des Abgrundes die Brücke schwebt. Auch das Herumsteigen auf Scheitern, die über dem gestauten, wüthenden Wasser schwanken, verlangt Muth. Nimmt man dazu die Dämmerung des tiefen Spaltes, worin nur ein schmaler Streifen Himmel sichtbar wird, so sieht man, daß Kaltblütigkeit hier an ihrem Orte ist.

Vor einigen Jahren ereignete es sich, daß einer von den Knechten, die in den Wassern des Abgrundes arbeiteten, des Abends beim Heraufziehen vergessen wurde, das Schreien half ihm nichts, weil das Geräusch des Wassers und des Holzes die Stimme erstickte. Er versuchte es in der Richtung gegen Rainthal hin dem engen Abgrund zu entfliehen, vermochte es aber nicht, weil sich eine sehr tiefe Stelle vorfand, über welche er nicht hinüberkommen konnte. Von einem Entrinnen gegen Garmisch hin konnte noch weniger die Rede sein, weil er die ganze Klamm hätte durchwaten müssen und in der Dunkelheit sicher ertrunken, gegen die Wand geschleudert oder von Scheitern erdrückt worden wäre.

Als er so in dem quirlenden, von auf- und absteigenden Holzscheitern eingeengten Wasser sich herumtastete, geriet er einmal an einen Felsblock, der nahe an der Wand im Wasser lag. Dieser, an dem er sich mit beiden Händen halten konnte, bot ihm zwar Schutz gegen das reißende Wasser, aber es war doch ein unbequemer Zufluchtsort, weil gerade über diesen Block die Wand bedeutend überhängt und so denjenigen, der beim Blocke steht, nötigt, sich zu bücken. Als er deshalb den Block wieder loslassen wollte, fand es sich aber, daß links und rechts davon das Wasser im Grunde Tobel von solcher Tiefe ausgewaschen hatte, daß es über ihm zusammengeschlagen wäre und ihn erstickt hätte. Man sollte glauben, wo man hinfindet, von dort finde man auch wieder zurück. Das ist aber nicht immer wahr. Ich weiß aus eigener Erfahrung, daß ich von einem Felsstück, zu welchem ich beim Überschreiten eines wenig bedeutenden Bergflusses gekommen war und auf welchem ich einige Augenblicke ausruhte, nach keiner Richtung hin weiter kommen konnte und endlich durch zugeworfene Teile aus dem Schwall erlöst wurde. So fand auch dieser Knecht die Richtung nicht wieder, in welcher er hinter seinen Block geraten war und blieb bei ihm stehen. Die Nacht, während welcher er, den Block umhaltend bis an die Brust im Wasser gebückt, unter der Wand aushalten mußte, wird ihm lang geworden sein. Morgens endlich hörten die Leute von Mittel-Graseck sein Geschrei und schafften Hilfe herbei, so daß er in kläglicher Verfassung durch ein Seil hinaufgezogen wurde.

**Berchtesgadener Morgengebet
eines Holzknechts**

In Gott's Nam':
daß i mi net hack, net schneid
und net z'weit hinten bleib'!

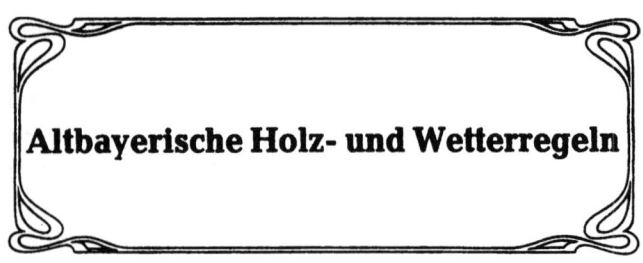

Altbayerische Holz- und Wetterregeln

Bei Vollmond gefälltes Holz soll schlecht trocknen. Wird das Holz im Zeichen Löwe oder Jungfrau gefällt, soll es sehr leicht trocknen und weiß werden.

Letzter Januar, 1. und 2. Februar: An diesen Tagen geschlagenes Holz verfault schwer und wurmt nicht, es wird mit zunehmendem Alter immer härter.

Was bei abnehmendem Mond im Februar abgehackt wird, das kommt nicht mehr; es fault sogar der Wurzelstock.

Holz am letzten Tag im Jahr geschlagen, schwindet kaum. Gleiches gilt an Peter und Paul (29. Juni).

Holz am 1. März geschlagen bei aufnehmendem Mond, reißt nicht und widersteht der Flamme.

Holz im Oktober oder November gefällt bei Neumond im Zeichen der Waage widersteht ebenfalls der Flamme. Aus diesem Grund wurde es hauptsächlich bei den früheren offenen Feuerstellen zum Kaminbau verwendet.

Holz, gehauen bei abnehmendem Mond zwischen Johannestag (23. November) und Luzietag (2. Dezember) ist sehr dauerhaft und läßt kein Ungeziefer aufkommen.

Holz, im Zeichen Löwe gefällt, soll gut sein; hingegen schlecht, wenn bei Vollmond gefällt.

Wagnerholz, im Oktober geschlagen, im aufnehmenden Steinbock, soll nicht schwinden. Im Dezember bei zunehmendem Mond im Zeichen Steinbock geschlagen, wird hart, fault kaum und wird nicht wurmig.

Holz für Pfahlgründungen im Wasser soll im Vollsaft im Sommer bei zunehmendem Mond gefällt und gleich eingebaut werden.

Brennholz bei abnehmendem Mond nach abwärts fällen, den Wipfel daran lassen, da dieser noch den letzten Saft herauszieht und dann noch liegen lassen. Nach dem Sägen und Spalten bei abnehmendem Mond unter Dach aufrichten, das gibt schnell trockenes Holz.

Bei zunehmendem Mond gefälltes Holz trocknet viel schlechter, wird auch eher von Ungeziefer befallen. Im Monat Mai sind Harz und Saft am stärksten, daher Fällung sehr ungünstig, da der Bast den Holzwurmbefall begünstigt.

Gesammelt und aufgezeichnet vom Holzarbeiter Georg Hinterseer, Ruhpolding-Brand. Aus: Erde, Mond und Sterne, Eigenverlag, 5. Aufl. 1982.

Holzfäller und Flößer im Isartal

Es sind sehr malerische Reiseindrücke aus dem oberen Isartal, diesem „Heiligtum der Natur", die Otto Banck dem geneigten Leser der einst so hochgeschätzten Familienzeitschrift „Gartenlaube" anno 1865 nahebringt und die Beobachtungen von Holzfällerarbeiten einschließen. Wie mühsam und wie gefahrvoll sich diese gestalten, welcher Vorrichtungen es bedarf, um die Stämme zu Tal und in den Fluß zu bringen und wie selbstverständlich auf der anderen Seite doch ein die Isar hinabtreibendes Floß mit einer Schar fröhlicher Gäste auf den Beschauer zu wirken vermag – all das vermittelt diese mehr als hundert Jahre zurückliegende Reportage. Das überraschende daran: Der Kern ihrer Aussage ist heute so gültig wie einst.

*

Die Reize der Gemsjagd und des Anstandes auf das edle Hochwild waren es, die den Verfasser dieser Zeilen zuerst in das obere Isartal der bayerischen Alpen lockten, die Natur aber war es, die ihn dort festhielt mit ihren immer neuen Gesichtern. Denn es gibt in der Schweiz gar viele Gegenden, die hoch gepriesen und zahlreich besucht sind und sich dennoch in ihrer Bedeutung nicht entfernt mit dieser deutschen Landschaft messen können, wie die deutschen Gauen überhaupt von den Meeresufern bis zu jenen Linien hinüber, wo sich Italien und Frankreich in der Alpenregion als Nachbarn anschließen, eine kaum zu beschreibende Fülle von ebenso lieblichen wie großartigen Naturszenerien aller Art darbieten.

König Ludwig von Bayern wußte sehr genau, wie unbekannt die Isarufer sind und noch lange bleiben werden, indem er der von ihm erbauten Isarbrücke zu München eine Inschrift hinzufügen ließ, mit einer Nachricht darüber, in welchem Gebirgsstock die Isar entspringt und in welchen Fluß sie sich endlich ergießt. Freilich ahnt man auch bei München die Wunder dieser eigentümlichen Gebirgsufer nicht, und nur die Wildheit und gesunde, jäh aufbäumende Kraft sieht man diesem Flusse an, der in weißgrünen Wellen daherrauscht, über endlose, unfruchtbare Kieselfelder schäumend, die er dem Marmorgeröll der Alpen entführt hat. Fünfzehn Meilen weit schwemmte er in Urzeiten dieses unendliche Kieselmeer von Milliarden Steinen hinweg, denn wo man auch in München und auf dem ganzen Plateau rings umher in die Erde gräbt, immer kommt man auf den Untergrund dieser mächtigen Kiesellager. Sie bestehen an vielen Stellen oft, ja größtenteils, aus Stücken vortrefflichen bunten Marmors, welche sich von den Kalkalpen losgelößt und sich Jahrtausende lang im Bette des Flusses weiter und weiter gedrängt und gewetzt haben, bis ihre Ecken nach dem mechanischen Gesetze des Bachgeschiebes zu den eirunden Flächen des Wasserkiesels abgeschliffen worden sind.

Doch während hier Alles flaches, ebenes Land ist, das sich endlich weiter nach den Alpen hin zu Hügeln und Vorbergen erhebt, bei deren verborgenen Schönheiten wir heute nicht verweilen dürfen, gipfelt sich der wirkliche Charakter dieser Flußgegenden erst zwischen Scharnitz und Tölz, an Mittenwald, Krün, der vorderen Riß, Fall und Länggries vorüber.

Einsame Großartigkeit, Flussesbrausen und Wälderrauschen umgibt den Wanderer; abwechselnd begleitet ihn der wundersame Anblick des Wetterstein- und Karwendelgebirges und anderer Alpenstöcke, die im Sonnenlicht ihre gelben Kalkfirnen und die kühnen Zackenlinien ihrer schroffen Abhänge durch die blaue Luft tragen. In langen, immer bewegten Berggruppen, malerisch gefärbt vom Schlagschatten vorspringender Felsenkanten und von hell beschienenen Marmorflächen, bilden sie einen markierten Gegensatz zu den dunklen Tannenwaldungen an ihrem eigenen, zurückgelehnten Fuß und zu denen auf den Zügen des ringsum drastisch aufgestellten, immer noch mächtig hohen Mittelgebirgs. Unten an der Isar liegen die hellgrünen Grashalden des ruhigen Tales, das von Mittenwald bis über Krün hinab räumig und frei ist, mit kleinen Auerbächen und Wasserrinnen durchzogen, eine stille Weideflur, auf der kleine Herden hellfarbigen Hornviehs grasen. Der Anblick dieser imposanten Gegend wird immer ergreifender und träumerischer in der Abendzeit, wenn die Gipfel der Kalkgebirge wie eine orangenfarbige Lichtvision über dem einsamen Tale schweben, sich hier und da spiegelnd in den grünen Fluten der fortstürmenden Isar.

Und hier an der vorderen Riß, wo der wilde Rißbach sich aus einem riesig felsengetürmten Alpenthal herauswälzt und in das Bett der Isar niedertost, herrschen nicht bloß die Zauber der Gebirgsnatur mit all ihren dämonischen Reizen – hier ist auch ein auserwählter Tummelplatz für die Freuden des Waidmanns und für den Verehrer der Forstcultur und des Waldes.

Wie der Herzog von Coburg in der hinteren Riß ein Jagdschlößchen erbaut hat, in dessen zur malerischen Pertisau am Achensee hinüberführendem Gebiet er Hochwild und Gemsen hegt, so steht in der vorderen Riß ein von König Maximilian errichtetes, einfach geschmackvolles Jagdschlößchen. Unweit daneben liegt das zugleich als Gasthaus dienende Wohngebäude des Revierförsters dicht am Wasser und am wenig betretenen Wege. Auch in diesem Terrain stehen gegen achthundert Stück Rothwild, und wer Morgens früh bei Sonnenaufgang zum Fenster hinausschaut, kann ohne Mühe mit einem Stein bis zu der Stelle in der Isar hinüberwerfen, wo die Gemsen von den grünen Jachenauer Bergen arglos zur Tränke herabsteigen, um zum jenseitigen Revier hinüberzuwechseln. Ihre Sicherheit und Schnellkraft, über luftige Felsen hinwegzusetzen, ist oftmals geschildert. Als weniger bekannt aber möchte ich eine ähnliche Geschicklichkeit im Klettern des noch nicht zu alt und groß gewordenen Edelwildes erwähnen. Ich habe starke, jagdgerechte Hirsche auf den gefährlichen Wegen bergab und bergauf mit einer Bravour dahinklimmen sehen, von welcher sich der Jäger unseres norddeutschen Berg- und Flachlandes schwerlich einen Begriff machen wird.

In diesen Gegenden darf das Wild sich auch wahrhaft heimathsberechtigt fühlen. Nicht allein, daß es eine lange Reihe von Jahren hindurch von der verständigen Mäßigung und Pflege eines weisen Jagdgesetzes geschont wurde, gewährt ihm auch die Gegend selbst den nötigen Schutz. Den Hauptrückhalt findet es im grünen, lebendigen Hause der Natur, unter dem schirmenden Blätterdach des deckenden Waldes, mit seinen moosigen Lagerstätten, feinen nahrhaften Pflanzen und Kräutern, seinen jungen, saftigen Sprossen der Tannen und Laubholzbäume, und endlich in den windgeschützten Sonnenplätzen, die an Felsen und Bergeshalden, dicht und traulich umwachsen, ihm eine warmgeborgene Friedensstätte der Mittagsruhe bieten.

Diese mächtigen Waldungen, soweit sie königlich sind, vom ausgezeichneten bayerischen Forstwesen so zweckmäßig wie der Wildstand verwaltet, ziehen sich bis nahe zu den Quellen des Flusses nach allen Seiten des Isartales dahin, weit in Rebenschluchten und Seitentäler hineinragend und mit ihrem grünen harzduftigen Mantel auf- und absteigend über manches breitkupplige Bergplateau. Überall das Weben und Rauschen in den Gipfeln der Föhren und Tannen, dazwischen das dunkelgrüne Maigrün der breitastigen Buche und des strotzigen, sonnengebräunten Ahorns, und oben in den Lüften der Habichtsschrei und Weihenruf, denen im sicher bergenden Kieferwald die laute Stimme des Spechtes wie ein höhnendes Freudelachen zu antworten scheint.

Die windbrüchigen Bäume, welche der Sturm umgestürzt hat, läßt der Forstmann an geeigneten Stellen ruhig im Walde liegen und vermodern, da in

Flößer auf der Isar. Nach der Natur gezeichnet von D. Rostosky.

diesen Gegenden ihre düngende Kraft für den jungen Nachwuchs größeren Werth hat, als ihr Holz. Morsch und moosdurchwuchert und von blühenden Schlingpflanzen wild umrankt, gewürmdurchkrochen und mit rothen und gelben Pilzen unterwachsen, hauchen diese am Boden liegenden Stämme den brütenden Duft vegetabiler Verwesung aus; der Fuß des Wanderers glaubt bei jedem Schritt auf Schlangen und Salamander zu treten, und ohne tausendjährigen Bestand sind ringsumher die Zauber des Urwaldes gewoben.

Der gewöhnliche, genußarme Wanderer empfängt freilich nur selten diese magischen Eindrücke aus der großen Allkirche der Natur. Sein Fuß betritt diese Stätten nicht, er wandert auf dem gangbaren Wege dahin, und sein Auge beleckt gleichsam blos den bestaubten Saum der Wälder. Nur hier und da dringt in das innere Heiligtum der Natur ein wahrer Freund derselben, oder der Verehrer des Waidwerks, wenn er durch die Forsten schreitet, um den Hirsch zu pirschen; wenn er tief drinnen an einer versteckten Waldblöße lauert, um dem kreisenden Raubvogel seine rasche Kugel zuzusenden; aber wenn er noch höher hinauf sich zieht in das Gebiet des Bergfuchses, der von gleicher Rasse mit dem der Ebene hier zu besonderer Größe gedeiht; ja noch mehr, wenn der Jäger sich endlich gar an den waldbewachsenen Nebenbächen, Wasserrinnen und Bergschlünden viele tausend Fuß hoch hinaufarbeitet, um droben in die freiheitlachende Region der Murmeltiere und Gemsen hinauszutreten, den Windhauch der feinen, schneegekühlten Luft um sich und tief unter seinen Füßen das morgendampfende Tal.

Aber nicht bloß ist es möglich, bei solchen Wanderungen das geheime Waldleben mit seinen Reizen der Thier- und Pflanzenwelt zu belauschen; bei tiefen Hängen durch die innern Winkel und tief eingesenkten Bergbuchten der Alpen findet man auch Gelegenheit, die Thätigkeit der Waldarbeiter, der Holzfäller, zu beobachten.

Nicht so friedlich und gefahrlos, wie drunten in der Ebene, im breiten Tal und an sanften Berghalden, ist diese Thätigkeit droben an Schrunden und Schlünden, auf kluftigem Terrain, an steilen Waldhängen, die sich zum schwindelnden Felsenabhang hinuntersenken.

Der ruhige Wegreisende bleibt wohl oft stehen auf der kühn gespannten Eisenbahnbrücke von Groß-Hesselohe und sieht thurmhoch unter sich die Holzklötze in langen Reihen durch die Bogen steuern, ein froher Juhschrei oder ein Schnaderhüpferl der lustigen, im Nationalcostüm malerisch auf den aneinander geschnürten Tannenbäumen stehenden Burschen oder auch Mädchen schallt zu ihm hinauf; er sieht die Flöße weiter und weiter gleiten den hochragenden Thürmen des schönen Münchens zu, wo sie am Ufer der Vorstadt Au, ihrem Bestimmungsorte, landen. Nicht immer sind die Flöße blos mit Holz beladen, nebenbei dienen sie auch als Transportmittel für alle Gebirgsprodukte, oder arme Wanderburschen und zur Stadt ziehende Arbeiter aus den Bergen benützen sie als wohlfeiles Verkehrsmittel. Sie bieten eine dem Wind und Regen so ziemlich bloßgegebene und auch von unten nicht immer einfache Fahrt. Aber ihre Sicherheit ist bei den meisten Flüssen nur in den Augen übertreibender Romantiker gefährdet, und sie eilen dabei meistens mit einer Geschwindigkeit dahin, die zwischen Schritt und Trab die Mitte hält.

Solchen Flößen begegnet der Tourist an gar vielen der breiteren Alpenflüsse und er sieht sie auch hier immer aufwärts der Isar bis in's Jochtal hinauf, so weit das Wasser des Flusses für diese Naturfahrzeuge schiffbar ist. Ja der Reisende hört auch wohl, wenn er die stillen Thalwege geht, zuweilen von droben her durch das Schweigen hindurch die Schläge der Holzaxt, die ihm der Windhauch in einzeln verhallenden Klängen zuführt. Doch er schreitet vorüber und erfährt es selten, mit welchen Mühen ein Bergwald niedergelegt, das Material eines Flosses zusammengemacht wird; er hat meist keine Ahnung davon, wie oft nicht blos unsägliche Strapazen, sondern auch der Ruin der Gesundheit, ja Lebens so vieler Menschen an den Holzscheiten kleben, mit welchen sich der nahe Städter in sorgloser Behaglichkeit sein Zimmer wärmt.

Um diese Hantirung in Augenschein zu nehmen, müssen wir wieder empor, zu den schon früher erwähnten Neben- und Hochwäldern. Dort klettert, auf den Humussätteln, die sich an schroffen Lehnen und über kahlen Steinzinken gebildet haben, die Föhre, die Lärche, die Rothtanne, eine über der andern wipfelnd, hinan. Hier ist die gefährlichste Position der Holzfäller. Mit ihren Steigeisen versehen, klimmen sie rasch die Bäume hinauf, oft mit deren schlanker Krone schwankend über dem Abgrunde. Mit raschen Hieben werden die Äste vom Stamm geschlagen, und nun kommt die Arbeit, den Stamm selbst zu fällen. Nachdem ihn die Axt an der Abendseite vom wuchernden Moos entblößt hat, wird er nach mächtigen Schlägen dieses scharfen, vorn an seiner Schneide sehr schmalen Holzfällerinstruments nahe über dem Erdboden tief eingekerbt. Wenn der Spalt für die Axt zu tief und unbequem geworden ist, muß die Säge das Zerstörungswerk fortsetzen. Ein schwerer Keil erweitert den Schnitt, damit sich das Sägeblatt nicht klemmt im saftig strotzenden Holze. Endlich haben die Werkzeuge gesiegt; mit einem knatternden Ruck zerreißen die letzten Holzfasern, die Fäller geben dem Stamm einen letzten Geleitstoß, daß er sausend hinabschießt, über Felsengrate hinweg in den Abhang der Schlucht. Selten, aber doch zuweilen geschieht, daß ein Holzer von einem schräg abgleitenden Stamm mit in die jähe Tiefe abgerissen wird; viel häufiger jedoch lähmt ein Fehlhieb der Axt das Knie oder Schienbein den Holzfäller entweder auf Lebenszeit oder setzt ihn einer schmerzlichen Cur aus, die gewöhnlich durch die Noth, bald wieder arbeiten zu müssen, vernachlässigt wird und unheilbares Siechthum des verletzten Gliedes nach sich zieht.

Auch an den steilabhängenden, wenn auch breiten Waldlehnen ist das Tagewerk der Hauer nicht ohne ähnliche Gefahr; zuweilen werden die Leute tödtlich verletzt durch einen von ihren Nebenhauern gefällten Stamm, dessen Sturz nicht richtig berechnet war. Ebenso wie eine unglaubliche Gewandheit ist kaltblütige Wagemutigkeit eine Eigenschaft dieser Arbeiter und häuft oft durch ihr kühnes Handeln die sie bedrohenden Mißgeschicke. Ich sah eine Tanne niederwerfen, die vierzig Klafter Holz gab; der Boden bebte in Wahrheit und da sie unentastet war, sprangen wohl fünfzig Pfund schwere gesplitterte Knorren des Astwerkes zwanzig bis dreißig Schritt zur Seite. Nachdem die Bäume gefällt sind, folgt das Zerschneiden der Schafte in gleiche Längenstücke.

Man schichtet das Holz nur da in Klaftern, wo es von der Waldblöße auf der Achse hinweggeschafft werden kann. Wie wäre es aber möglich, inmitten des unzugänglichen, steil aufsteigenden Bergterrains! Bloß durch sinnreiche Benutzung dieses Terrains und der Naturkräfte ist es möglich, den gefällten Wald den Verkehrswegen zuzuführen.

Wo die Schluchten von einem Bergbach durchtost oder zu gewissen Jahreszeiten durch Sturzwasser gefüllt werden, da übergibt man die Stämme diesem Rinnsal. Das Holz, gewöhnlich zur Winterzeit hinabgeworfen, bleibt in der Regel bis zum Frühjahr dort liegen, wo die Schneeschmelzen eine Wassermasse häufen, die bald den aufgespeicherten Vorrat treibend, schäumend und stoßend in Bewegung setzt. Hierbei ist es die gefährliche Aufgabe der Holzfäller und Waldarbeiter, von Zeit zu Zeit mit Stangen und Haken denjenigen Stämmen eine Nachhilfe zu geben, die sich an Felsblöcken und Bachengen verhangen und gesperrt haben und oft die ganze Holzmasse zu stauen drohen. Solche Wasserstauungen gefährden nicht selten den aufpassenden, weiter abwärts postierten Nebenmann, indem ihr plötzlicher Durchbruch das knappe Ufer in der tiefen Schlucht mannshoch überschwemmt und jeden menschlichen Widerstand zermalmend mit sich fortreißt. So treibt das kurzgeschnittene Brennholz endlich in die Isar hinein, und auch hier noch oftmals von den vorspringenden Ufern durch die Arbeiter abgestoßen, schwimmt es den weiten Weg zu den Holzwehren nach Länggries, nach Tölz, ja bis nach München, wo es gefangen und zu lustigen Klaftern aufgespeichert wird. Es hat den größten Teil seiner Borke und durch die Auslaugung im Wasser etwa achtzehn Prozent an Güte verloren, das Buchenholz wegen seiner leichtlöslichen Salze noch mehr als das harzige Nadelholz. Die Billigkeit des Transportes gleicht jedoch diesen Schaden vollkommen wieder aus.

Wo der gefällte Wald nur von Berglehnen der Gebirgsthäler herunter zu schaffen ist, da bedient man sich der sogenannten Holzschurren, die einem ununterbrochen steil aufsteigenden Fahrwege gleichen. Ein hartgefrorener dünnbeschneiter Winterboden macht sie zur Schlittenfahrt für einzelne Scheite, ja für ganze Stämme wohl geeignet. An jenen schlagbaren Waldstrecken aber, wo hoch im Gebirge die Bäche und Wasserrinnen als natürliche Kommunikationsadern fehlen, stellt man wohl hier und da in den Alpen künstliche Verkehrswege her. Freilich geschieht es zumeist an Punkten (besonders in den südlichen Gebieten Tirols und der Schweiz), die sich weniger durch gute Forstverwaltung auszeichnen, als sich durch eine räuberische Plünderung, ja Vernichtung des Waldes brandmarken. Hin und wieder ist indes diese Methode auch durch das Terrain inmitten der besten Waldpflege geboten, wenn es sich um die notwendige Fortschaffung schlagreifen Holzes handelt, das einer passender gewählten Waldkultur Platz machen soll. Man baut dann hoch von droben herab und den Bergeinsenkungen entlang und oft kleine Querschluchten überbrückend, bis herab in das wirkliche Flußtal oder in ein wasserführendes Nebental sogenannte Holzgleiten, die man auch Laaße, Holzrinnen, Talfahrten nennt. Diese künstlichen Schurren werden durch dicht neben und aneinander gefügte Holzstämme gebildet, welche sich als eine offene, beinahe halbe Cylinderröhre darstellen. In ihnen gleitet, vorzüglich bei Glatteis, das Holz mit furchtbarer Schnelligkeit herab. Indeß bedarf es auch hierbei menschlicher Nachhülfe, bei der es an Unglücksfällen nicht fehlt; doch mehr als die rollenden Blöcke untergraben die strengen Wintertage mit ihren eisigen Stürmen, Schloßen und Regenschauern die Gesundheit der Arbeiter, und es ist zu verwundern, wie sich immer wieder frische, todesmuthige Burschen finden, die sich nicht abschrekken lassen durch die verstümmelten oder erfrorenen Glieder der Alten.

In manchen Gegenden der Alpen bedient man sich auch an nicht steilen Stellen der Holzschlitten, mit welchen man auf der Gleite die immerhin jähe Thalfahrt unternimmt.

Das ist der mühselige, gefahrvolle Gewinn des Brennholzes. Drunten im weitbuchtigen Thale aber, wo das Wasser des Alpenflusses hinreichende Tiefe hat, wo die schlanken Hochwaldstämme leichter von dem Rücken der Berge herabgeschafft werden können, da ist der Platz, auf welchem man die Flöße zimmert und schnürt, die hauptsächlich das Nutzholz zu den Betriebsstätten führen. Der Köhler schafft wohl seine Kohlen, der Kienrußbrenner seine Tonnen herbei und noch mancherlei Waaren finden sich ein, wenn der einfache Bau vollendet ist, und mit einem lauten Jodelruf, dessen heller Kehlton langgezogen in den Bergen wiederhallt, wird das Fahrzeug vom Ufer gestoßen, hineinsteuernd in die Strömung der grünlichen Fluth.

D' Holzknecht

De Holzknecht wohl a jeda kennt,
werdns oft aa Holzwurm oda Holzkoda gnennt.
Sie lebn ja do ganz fein und nobl,
ihr Häusl is a Rindenkobl.

Ganz fruah gehts nei an liabn Wald,
obs regna tuat, obs warm is oda kalt.
Ob d'Sunna scheint, obs stürmt und schneit
und is da Weg aa no so weit.

Mit Holzarisch, mit de Sagn, Keil und Hackn,
de Arwat deans na glei opackn.
De oan dean aschtn, schepsn oda schneidn,
und andre s'Holz ins Tal roa treibn.

Kimmt na de liabe Mittagszeit
auf de se scho a jeda gfreit,
da is da Tisch scho deckt ganz schee,
im Winta weiß, im Summa grea.

Viel Bleameln blühn da aufm Tisch,
in alle Farbn, bunt und frisch.
De Vogerl all, de Moasn, Amseln, Fink und Specht,
a Konzert deans gebn, scho gar nit schlecht.

Wenn ma des alls so sieht und hert,
na oana aa de Arwat ehrt.
Des alls hot uns da Herrgott gebn,
was schöana macht des Holzknechtlebn.

Georg Penker
(Haumeister im Forstamt Murnau)

Die drei Holzhackerbuam

Der Veit, der Naz und der Much, das sind drei „gestandene" bayerische Holzknechte, einer schlitzohriger als der andere und alle zusammen immer zu einem Spaß aufgelegt. Sie verstehen aber auch ihr Handwerk aus dem Effeff und „lassen die Zugsäg durchs Holz, daß der ganze Wald schnarcht". Beim reichen Schwarzeneck-Bauern verdingen sie sich im Bergwald und haben dabei (als Selbstversorger mit Wildfleisch) einige Händel mit dem dienstfertigen neuen Jäger auszutragen, geraten beinahe in Auseinandersetzungen um die junge Sennerin von der Koglalm und leisten sich ein paar Schelmenstücke, bis sie dann im Januar, nach der schweren Arbeit mit dem Zugschlitten, „den Tag vor Vinzenzi", ihren Auftrag hinter sich gebracht haben. Dann steigt, als Abschluß ihres Arbeitsjahres, der Holzknechtball. Wie es dabei zugegangen ist, schildert der in Salzburg als Hauptlehrer tätige Verfasser von Unterhaltungsromanen und Jugendbüchern Karl Springenschmid in seinem 1940 erschienenen Buch „Drei schmeißen einen Wald"; daraus stammen alle hier wiedergegebenen Geschichten aus dem Leben der drei lustigen Holzhackerbuam.

Villa zum grünen Wald

Im Schwarzeneckwald schnarcht die große Zugsag. Tief und fest schnarcht sie wie ein fauler Bauer in seinem Blaumontagschlaf. Daweil der Veit und der Naz die große Zugsag hin- und herziehn, macht der Much die Hütten. Er sucht drüben beim Bründl einen ebenen Fleck aus. Dann haut er etliche Stangen und Stempen zu und nagelt sie fest her. Dann schintet er den Fichten, die der Veit und der Naz geschmissen haben, die Rinden ab und deckt die Hütten mit den Rindenflecken ein. Er zimmert die Britschen und macht die Feuerstell. Er holt von der Koglalm aus dem Stadel ein Buckel voll Winterheu und richtet es sauber auf die Schlafstellen.

Am Abend beim Finsterwerden kimmt der Veit und hinter ihm der Naz aus der Schicht zur Hütten her. „Nobel", sagt der Veit und reckt seinen Grind in die Hütten, wo schon das Feuer prasselt und alles nach Schmarrn riecht. Der Naz schreibt mit der blauen Merkkreiden, mit welcher der Schwarzenecker die Bäum gemerkt hat, auf den vordersten Stempen:

„Villa zum grünen Wald".

„Au!" schreit der Veit und greift auf seinen Grind, „was ist denn dös für a Stangl zum Schädeleinrennen?" Richtig, über der Britschen hat der Much ein Stangl gemacht und keiner weiß, was das bedeuten soll. „Dös Stangl?" sagt der Much und stierlt in der Schmarrnpfann herum. „Ja, dös Stangl", sagt der Veit, und der Naz greift schon hin und will das Stangl wegreißen. „Tua dei Bratzen weg!" sagt der Much und haut mit dem Schmarrnstierer dem Naz auf die Finger, „dös Stangl is für die Flöch" (Flöch = Flöhe). Die zwei schütteln die Köpf. „Die Flöch", sagt der Much, „san einsteils wie die Hennen. Bald sie ka Gschäft haben, hocken sie auf dem Stangl und schlafen. Andersteils san sie aber umdraht, wie die Hennen. Die Flöch sitzen beim Tag auf, die Hennen bei der Nacht. Bald es finster wird, dann wachen die Flöch auf ihrem Stangl auf. Sie schütteln si, und recken und strecken si und dann hupfen sie herunter auf die Britschen und zapfen den ersten, den sie erwischen, an und zapfen den zweiten an und arbeiten so weiter die ganze Nacht. Bald der Tag kimmt, dann hupfen sie wieder auf das Stangl. So is Ordnung in der Hütten und hat alles seinen Platz. Ordnung muß sein."
Soviel hat der Much lang nimmer geredet. Drum is er jetzt ganz damisch und hungrig von dem Reden und stellt die Schmarrnpfanne hin auf den Feuergaul, und dann fallen sie alle drei über den Schmarrn her, daweil draußen vor der Hütten im Wald die Finsternis durch die Bäume schleicht.
Fahrt der Naz auf das Stangl hin, untersucht seinen nassen Finger eine Weile und sagt: „Sie hocken schon oben und passen. Gehn ma schlafen, Mander. Die Flöch möchten Bluet!"

Der Eierschmarrn

In aller Herrgottsfrüh mit der ersten Taglichten geht die Arbeit an, und mit der letzten Taglichten hört sie auf. Heut trifft's den Veit als Dreier. Daweil die andern zwei die große Zugsag ziehen oder die Keile eintreiben, astet er die geschmissenen Bäum ab und schintet die Rinden weg. Bald aber die Fichten gar zu groß und zu schwer is, dann muß der Dreier helfen die Keil eintreiben oder vorn einhakken, daweil die hinten treiben, damit der Baum schön umschmeißt und nit auf einem andern hängen bleibt. Ein Holzschlag mit hängenden Bäumen überall, das is schon ein halbes Spital oder ein Trumm von einem Friedhof.

Ganze Löcher kriegen die drei dort, wo in der Früh der volle Bauch war, so arg ist der Hunger. Dann etliche Zeit vor dem Finsterwerden geht der Dreier zur Hütten, macht das Feuer und kocht.

Bald der rechte Wind geht, können es die zwei bei der Arbeit auf dem Schlag schmecken, was der Dreier kocht und ob er was anbrennen läßt oder nit. „Was hast ihm vorgeben heut?" fragt der Naz und zieht die schwere Zugsag hin und wieder zruck.

„Auf einen Schmarrn hab i ihm vorgeben", sagt der Much, „Mehl, Schmalz und drei Eier." „Und drei Eier", sagt der Naz und schmeckt in die Luft, daweil er zieht.

Der Veit ist schon fest beim Geschäft. Weil er keine Milch hat, so brennt er den Schmarrn mit dem heißen Wasser ab und richtet dann den Teig vor. Daweil er den Teig vorrichtet, blinzelt er die drei Eier an, die ihm der Much vorgegeben hat.

„Drei san zviel", denkt er und nimmt das dritte Ei in die Hand, „zwoa san gnua", und macht in das Eierl oben und unten ein Löchl drein und zutzelt (schlürft) das ganze Ei aus.

Aber so ein einschichtiges Ei allein is gar nix. Was soll ein hungriger Holzknecht von einem einzigen Henneneierl spüren? Nix spürt er. Wenn er was spüren wollt, müßten es nit weniger als zwei sein. Und schon zutzelt der Veit das zweite Ei aus und weil ihn das dritte Ei, wie es gar so einsam und verlassen dort liegt, erbarmt, zutzelt er das dritte Ei auch noch aus und kocht den Schmarrn ohne Eier. Gut is.

Der Much und der Naz kommen vom Schlag und steigen gleich in den Schmarrn drein.

„Guat is er", sagt der Naz und der Much sagt: „Guat is er, aber fehln tut ihm was."

„Was soll ihm den fehln?" fragt der Veit glei zruck. „A nix, i hab nur glaubt", sagt der Much. So essen sie alle drei eine Weile fort, und der Veit glaubt schon, es ist alles gut gangen.

Auf einmal tut der Much ganz schrecklich. Es muß ihm was in den falschen Schlund kommen sein. Er bellt und hustet und springt auf und schlagt aus mit Händ und Füßen. Der Naz und der Veit dreschen auf seinen Buckel. Endlich findet der Much seine Stimm wieder und sagt: „I hab a Eierschalen gschluckt!"

„Dös lüagst", schreit der Veit, „Eier san gar nit drinnen!" „Kikeriki!" schreit der Much, „jetz wissen mier's."

Zwölf Bäum auf zwanzig Stöck

So liegt schließlich der Schwarzeneckwald da, sauber auf viermetrige Bloch stammgschnitten und vorgerichtet, bis der Schnee kimmt und bis ein ordentlicher Ziechweg wird zum Bloch führen.

Die Holzknecht aber hocken jetzt unten im Dorf beim Kirchenwirt in der Stuben. Kimmt der alte Halsegger zum Holzknechttisch hin und bittet die drei recht schön, daß sie ihm seine zwölf Bäum schmeißen täten. Dabei zittert er mit Händ und Füßen, der arme alte Halsegger, und blinzelt mit seinen Triefaugen und sein Kropfsackl hutscht hinum und herum. Ist allzeit ein braver Bauernmensch gewesen, der alte Halsegger. Der Much läßt ihn bei seinem Bierkrug trinken und sagt ihm die Arbeit zu. Am Montag steigen die drei Holzknecht, ledig wie sie sind, hinauf nach Halsegg und schauen die zwölf Bäum an, die der Förster dem Alten angemerkt hat. „Der Förster is a Geizkragen, a Schiacher", sagt der Much, „so an armen Schinterbäuerl zoagt er grad zwölf so lausige Stammerl als Servitutsholz vor!" „Je größer der Bauer, je dicker die Bäum!" sagt der Veit. Und der Naz sagt: „Da muaß was gschechn!"

Der Much hackt den ersten Baum so an, daß er, wenn er umschmeißt, einen andern, der nit vorzeigt is, mitnimmt. Richtig, wie sie ihn schmeißen, erwischen sie den andern ah und, versteht si, man kann so einen halbzerschundenen Baum nit stehn lassen, auch wenn er nit vorgmerkt ist. Umgschnitten ghört er. Auf die Weis liegen am Abend, wie der alte Halsegger über den Berg auferschnauft in den Wald, zwanzig Bloch dort. Da lacht der Halsegger in sein

Kropfsackl und klopft dem Much einmal ums anderemal auf die Schulter. "Seine Holzknecht, guete Holzknecht", kichert der Alte, "und jetz tuan mier die Bloch gschwind vertragen, daß sie der Förster nimmer nachzählen kann!" Kimmt dann drei Wochen drauf einmal der Förster vorbei. "Is alles schon gschnitten!" sagt der Halsegger schnell. "Dös siech i!" brummt der Förster, "wieviel san's denn?" "Zwölfe", sagt der Alte recht fromm. "So", meint der Förster, steht auf und schaut rundum die frischen Wurzelstöck an, "wia gibts dös, Halsegger, daß auf zwanzig Wurzelstöck bloß zwölf Bäum wachsen?" Da zieht der alte Halsegger seinen Beutel ein und sagt: "Ukrat! Wia gibts denn dös? Aber i kann nix dafür. Die verflixten Holzknecht ham so dumm tan, daß die andern acht Bäum mitgangen sein, dö können ja nit amol Baamschmeißen, dö Hundshäuter, dö elendigen!"

Der Holzknechtball

Holzknechtball is! Heiliger Vinzenzi, gfreu di! Die Koglalmsendin (Sennerin), die Mani, is no allweil nit schön gnug. Die Kuchldirn muß ihr den einen Spiegel hinter den Buckel halten, und sie selber haltet den andern vorn hin und schaut drein, damit sie sieht, ob sie von hinten ah so fesch is wie von vorn. Dabei draht sie sich und biegt sie sich, und die Kuchldirn muß um das hoffärtige Weibsbild herumtanzen wie um eine narrische Geiß und dort a Mascherl richten und da das Spitzentüchl usw. Der Jager, der junge, draht sein schwarzes Schnurbartl auf und nimmt das schöne, neue Dienstgewand mit den grünen Aufschlägen, wo das goldene Eichenblatt so schön glanzt. Dann setzt er den Hut auf, daß der Gamsbart keck hintauf steht, und dann geht er daweil zum Schoberbräu, wo die „grüne Gilde" sich zusammenbestellt hat. Daweil is beim Kirchenwirt oben im schönen Saal schon der Anfang gmacht.

Der jüngste Holzknecht, der Seiköglijörg, und der ältest, der Mooshäusler, der schon den Neunziger auf dem Buckl hat, tragen das große, schöne Vinzenzibild in die Stuben, wo der Herr Pfarrer auf seinem Sessel sitzt und der Herr Oberlehrer und der Gmeindevorstand, zu dem man aber Burgermeister sagen muß. Da kimmt die Nißlergretl in ihrem weißen Fronleichnamsgwandl und sagt das Vinzenzisprüchl auf. Dann sagt der Herr Pfarrer einige Worte, wie schön es ist, daß die Holzknechte ihren Patron nit vergessen und daß der heilige Vinzenz so ein guter Patron ist und daß heuer bei der Holzarbeit nur dem Kaswurmsepp der Max abgschlagen worden ist, weiters nix, und da sollten sie doch dem Vinzenz dafür dankbar sein.

Die Holzknecht hocken an den Tischen und wischen sich daweil den Bierschaum aus dem Bart. Die Älteren passen auf jedes Wort auf, das der Pfarrer sagt, und dem Berneggmichl werden die Augen naß. Die Jüngern aber schauen alle zur Tür hin, wo die Koglbauernani zur Tür hereingeht, mit der Lies vom Schwarzenecker und mit der rothaarigen Pfennwartdirn. Die Dirndln tun recht gschamig und schlagen glei die Augen nieder, weil sie mitten in die heilige Handlung hineinkommen sind. Die Mani haltet ihr neues Schneuztüchl an den Mund und hustet ein wenig. Der Herr Pfarrer ist fertig, und die Musikanten blasen: „Hoch soll er leben, hoch soll er leben, dreimal hoch!" Natürlich der heilige Vinzenzi. Dann tragen die zwei Holzknecht das Vinzenzbild in die Ecken und stellen es auf. Die Musi aber sangt einen Neubayerischen an, daß die Fensterscheiben zittern.

Die Holzknecht schnalzen mit der Zung und etliche schnaggeln mit den Fingern dazu. Der Berneggmichl, als Dormeister, geht um die Frau Gemeindevorstand, die eh schon dortsitzt und paßt. Er beutelt den Kopf ein wenig, daß man nit weiß, ob das ein Kompliment is oder ob das nur bedeutet: „Geh her da!" Er sagt: „Frau Burgermoaster, kimm!" und tanzt den ersten Ehrentanz.

Dann übergibt er die Frau Burgermeister dem Langreifsepp, und der gibt sie dann dem Much – Kreuzteufel –, und der Much bringt sie nimmer weg den ganzen Neubayerischen nit. Und grad wie der Much die dicke Burgermeisterin ehrenhalber herumdraht, wie ein altes Ringelspiel, geht die Tür auf und alle sagen: „Ah" — und „Aha," weil die Herren von der grünen Gilde mit ihren Damen hereinkommen. Es schaut recht nobel aus, wenn man bei so einer Sach, wie der Holzknechtball is, ein wenig z'spät kommt; denn da müssen die Leut denken, fürs erste ist den Jagern nit viel darum zu tun, und fürs zweite haben die Jager nit viel Zeit. Drum tun die Jager recht langsam, rucken ein wenig an ihren Hüten, wie sie den Vinzenzi sehn, aber nit z'viel, weil der Vinzenzi no lang kein Hubertus ist, und lassen sich dann langsam auf ihrem reservierten Tisch nieder. Der Much tanzt um das ganze Jagdpersonal herum, und daweil er sich an dem breiten, seidenen Buckel der Burgermeisterin seine schwitzigen Holzknechtbratzen abwischt, überlegt er, was jetzt für eine schöne Gelegenheit wär, wo das ganze Jagdpersonal beim Kirchenwirt auf dem reservierten Tisch versammelt ist, im Wald nachschauen gehn, wie es mit Hirschen und Gamsen steht. Der neue Jager, der junge, stellt sich breitbeinig wie ein grüner Heuschreck hin, wo die Tanzpaare vorüberkemmen und wie er den Naz mit der Koglalmsendin sieht, hupft er hin, macht ein Komplimentl und der Naz steht auf einmal allein da, mitten am Saal, und der Jager tanzt ihm die Mani weg. Das hat der Much gsehen. Gschwind fahrt er mit seinem bürgermeisterlichen Schwerfuhrwerk dem Jager nach, gibt dem Naz noch so nebenbei einen Puffer und heißt ihn „Depp!" und stößt dann mit der Burgermeisterin den Heuschreck an, den grasgrünen. „Pardon," sagt er, der Jager, der junge. Kreuzteufel — da is der Neubayerische gar, und der Jager führt die Sendin an ihren Platz, macht wieder ein Kompliment und lacht no dazu.

Die Musikanten leeren schnell den Saft aus ihren Mundstückeln heraus und das Bier in ihre Gurgeln hinein und spielen dann einen Walzer. Spreizt der Much seine Ellbögen weg und holt die Koglalmsendin. Wie ein Kalbl zum Metzger, so zieht er sie zum Tanzplatz. Die Mani legt dem Much ihr neues, weißes Schneuztüchl auf den lodenen Buckl und dann laßt sie sich herumdrehen. „Da kimmt er schon wieder!" sagt der Much nach einer Weil. „Wer?" fragt die Sendin ganz erschrocken. Der Jager steht dort und macht vor dem Paar ein Kompliment. Der Much tut, als hätt er keine Augen, nur Füß, stößt den Jager auf die Seiten und laßt die Mani nit aus. Da – so sinds die Weiberleut – schlupft ihm die Mani aus den Händen, und der Much steht auf einmal allein da.

Aber er tut nix dergleichen. Nur einmal langt er hinten in seine Lederhosen, wo das Stichmesser ist und stoßt durch die Zähne: „Hund, heut zapf i di no an mitsamt dein Gspusi!" Haut si an sein Tisch hin, daß der Sessel kracht, und schreit: „Resi, an Liter!"

Jetzt geht dann der Berneggmichl zur Musi hin und bestellt einen Extratanz für die Zwieselecker Holzknecht. Dann bestellt der Langreitsepp einen Extratanz für seine Schicht. Dann bestellt der Much einen Extratanz für die Schwarzenecker Holzknecht. Da därf keiner tanzen als er und der Veit und der Naz und ehrenhalber der Schwarzenecker. Der Much führt die Schwarzeneckerin, der Veit nimmt die Lies und der Naz die rothaarige Pfennwartdirn.

Die Koglalmsendin rührt keiner mehr an. Die sitzt auf ihrem Platz, hustet ein wenig in ihr neues Schneuztüchl und redet mit dem Jager, der an seinem schwarzen Schnurbartl dreht. Sie tut so, als wenn ihr der Tanz von die Schwarzenecker Holzknecht ganz gleich wär, und blinzelt do allweil hin, wo der lange Much um die junge Schwarzeneckerin herum tanzt und zwischendrein mit die Finger schnaggelt, mit die Füß stampft und „Juchui!" schreit. Lustig is heut beim Kirchenwirt!

Der Herr Pfarrer empfiehlt sich bei der Frau Oberlehrer, winkt zu allen Tischen hin mit der Hand und sagt: „Allseits guaten Abend!" Dann geht er. Der Berneggmichl gibt ihm das Geleit bis zur Haustür und bedankt si no einmal für die große Ehr. „Nur den heiligen Vinzenzi nit vergessen!" sagt der Herr Pfarrer no unter der Tür, und der Berneggmichl kriegt wieder nasse Augen. Ein guter Mensch, der Herr Pfarrer! Und wie er den heiligen Vinzenzi herausgstrichen hat! Das soll ihm gut angemerkt sein.

Wie der Berneggmichl wieder in den Saal kimmt, is alles voll größter Lustigkeit. Die Musikanten haben ihre Instrumenter weggestellt und langen um die Maßkrüg. Die Holzknecht juchzen und schreien, und das Jagdpersonal unterhält sich. Der Langreitsepp singt das Lied:

„Es wollt ein Jägerlein ja-a-gen
Wohl in dem grünen Wald."

Und dabei schnaggelt ihm oben in der Höh allweil die Stimm um und er druckt die Augen zu und singt:

„Wald, ja-a-a! Wohl in dem grünen Wald!"

Die Holzknecht singen alle mit. Sie nehmen es leicht mit den Musikanten auf, und der Naz faßt den leeren Maßkrug und brüllt drein. Das gibt einen feinen Baß. Dann spielen die Musikanten wieder. Die Holzknecht ziehen ihre lodenen Röck aus, und das Fest nimmt seinen Fortgang. Der Burgermeister

nimmt die Seinige und geht, und etliche Bauern gehn ah. Der Berneggmichl gibt ihm das Geleit bis zur Saaltür und sagt: "Guate Nacht. Es is eh guat, bald mehr Platz is zum Tanzen. Rennen die Leut nit so leicht zamm." Dann haben die Zwieselegger wieder einen Extrigen, dann die Langreitseppschicht, dann die Schwarzenecker.
Dann langen die Musikanten wieder um ihre Maßkrüg, und die Holzknecht singen Vierzeilige.
"An der Schneid fahlts mir nit,
aber am Geld.
Is mir liaber koa Geld,
als koa Schneid auf der Welt."
Das is aber no nix. Die grüne Gilde hört gar nit, was die Holzknecht singen. Drum schreit der Much jetzt "Bscht!" und haut in den Tisch, und wie alle zu ihm hinschauen, dann macht er einen Schnabel und singt:
"Steht da der Hirsch im Wald,
woltern a schöner,
jagt der jung Jager,
,Ui, Teufl, a Zehner!'"
"Stad sein!" "Maul halten!" "Laßt's den Much singen!" tönt's von allen Tischen.
"Breist der jung Jager
gach um sei Büchs –
machts Schniggsldischnaggs,
machts Schnaggsldischniggs!"
Gut, macht er sein Sach, der Much! Grad so tut er, wie wenn er eine Büchs abschießen tät, die nit gladen is. Kreuzteufel, lachen da die Holzknecht alle und hauen si auf die Lederhosen! Das Jagdpersonal steht auf. "Bscht, der Much singt wieder eins! Bscht!" tönts im Saal.

„In' Sautrog auf der Koglalm
is einer einigfalln.
Die Sendin, die schaut a Weil,
schreit: ‚Weidmannsheil!'"

Kreuzteufel! Der Much, das is halt einer! Höllatra, wie da die Holzknecht brüllen! Das Jagdpersonal aber schiebt die Sessel zruck. Der Kirchenwirt stürzt zur Musi, schreit: „Schnell an Boarischen!" Aber der Bayerische kimmt schon z'spat. Die Weibsleut schreien auf und flüchten aus dem Saal. Höchste Zeit; denn die Holzknecht sind schon bei der Arbeit.

Stierwild stürzt der Much voran auf den Jager, reißt ihn bei seinem grünen Frack in die Höh und schlagt ihn in den Boden, und drüben langen jetzt die Holzknecht alle drein in die grüne Gilde. Der Berneggmichl macht die Tür auf, und so schmeißen sie die grüne Gilde aus dem Saal über die Stiegen, den Gendarm als Draufgab hinten nach, dann die Bierglasln, dann den Tisch und die Sesseln. So. Das is eine gute Arbeit.

„Jetzt wirds erst kommod", sagt der Much und hockt auf dem Bierfaßl, rundum die Holzknecht. In der Ecken der heilige Vinzenz verzieht seine Miene. Er lächelt nur ein klein wenig, wie er allweil tut. Oh, er kennt seine Leut, der heilige Vinzenz, seine Leut, die Holzknecht... .

Die Holzknecht halten Jahrmarkt

Der heilige Vinzenz, das ist der Holzknechtpatron. Ein braver Heiliger, der Vinzenz, groß und stark und lustig wohl auch.

Der heilige Vinzenz muß gefeiert werden, wie es sich gehört. Drei Tag vorher, drei Tag nachher, der Vinzenzitag mit dem Hochamt und mit dem Ball schön in der Mitten, das macht alles miteinand gradaus sieben Tag, gleich einer Wochen. So will er's haben, der heilige Vinzenz. Und schon gar, wo der Schwarzenecker den Schichtlohn auszahlt, und die drei Holzknecht Geld haben, mehr wie Mist. Am Sonntag vor Vinzenzi geht die Gaudi an. Wie die Leut aus der Kirchen kemmen, ist da von den Holzknechten ein Kramerstand aufgmacht „Zum billigen Jakob!" Stehen die Bauernleut alle dabei und halten das Maul auf. Was es da alles gibt:

„Das allerschönste, allerneuste Damenkostüm und Ungetüm nach der Pariser Mod – helf üns Gott!"

So schreit einer und haltet das dreckige Stallgwand von der Schoberdirn in die Höh, weil das der Brauch is, daß die Holzknecht alles, was schlampiges Zeug in der Sonntagnacht herumliegt, auf dem Kirchplatz verlizitieren (versteigern) dürfen. „Kathl, dein Stallgwand!" schreien die Burschen, und die Dirn wird feuerrot im Gsicht und kauft ihr Stallgwand zruck, ihr dreckiges.

„Brimsbrams, borium!
Das schönste Pfeifentrumm
weit umadum
vom Napolium –
schauts nit so dumm!"

Diesmal ist es dem Häuslschuster seine alte Pfeifen, die sie erwischt haben.
> „Hollerwack – der schönste Frack
> vom Fuaß bis zum Gnack
> wie a Erdäpfelsack!"

Da sind sie dem Schullehrer über seinen Gehrock kemmen.
> „Michl, Machl,
> für jeden Bauerntlachl
> a schönes Paradachl!"

Das ist dem Dorfschmied sein Regenschirm. Was is denn das jetzt? da bringen sie ein richtiges Gartentürl daher, schon halb grün angstrichen:
> „Im Namen des Schneiderschimmels
> und höllischen Gewimmels:
> das ist die Pforte des Himmels!"

schreit einer. Hat der Höckschneider vergessen, sein neues Gartentürl einzuhängen, und das haben die Holzknecht gschnappt.

Und das jetzt? Kreuzteufel, haben sie gar den alten stinkigen Hauslbauernbock erwischt und schreien ihn aus:
> „Dös schönste Prachtexemplar
> ham mier do ah
> aus der Arche Noah!"

Ist das eine Lacherei, wie der Hauslbauer seinen Bock wieder loskauft und heimzieht.
> „Nit z'weng und nit z'viel
> a Automobil
> aller Narren Ziel
> geht wia a alte Mühl
> steht die halbe Zeit still!"

Es ist zwar nur der alte Schubkarren vom Burglechner, aber eine Gaudi ist es doch.

Aber das Allerschönste kimmt jetzt! Zwei Holzknecht, der Much und der Veit, halten ein endlanges Trumm in den Händen. Ist das eine Ziehharmonika, die aus dem Leim gangen ist? Ist es ein Mieder, von der dicken Gastegsendin vielleicht? Nix dergleichen! Der Much schreit es hochdeutsch aus:
„Achtung, weggehn! Vorsicht, nicht berühren!
Es stinkt!
Was die Herrschaften hier sehn und nit verstehn,
hat einer als Schwimmgürtel gnommen,
ist damit durch den Sautrog gschwommen!
Unverkäuflich! Ganz unverkäuflich!"
Dem Jager sein grünes Westl! Kreuzteufel! Heiliger Vinzenz, freu dich auf dein Tag! Da gibts was.

Stiegel der Holzhauer

Seine Gedanken gelten stets der Frage, wie er sich auszeichnen und wie er seine Kraft an den Tag legen könnte. Als er sich daher gewissermaßen selbst zum herzoglichen Holzhauer ernennt, der Stiegel, da beginnen seine glücklichsten Jahre. August Winnig erzählt die „Geschichte eines ungewöhnlichen Menschen", der sich bereits als Kind recht unbotmäßig zeigt; der Bauarbeiter fristet dann ein unstetes Dasein, siegt als Ringkämpfer, verliert aber als Ehepartner und wird schließlich zum stadtbekannten Sonderling abgestempelt. Nur als Holzhauer kann er zeigen, daß er ein ganzer Mann ist. Hier seine erste „Kraftprobe" mit einem schlagreifen Baum — für ihn ein gutes Lehrstück.

*

Bei solchem Schweifen geriet er eines Tages in das Gehege der Holzhauer, die dort in Diensten der herzoglichen Forste beim Einschlag waren. Als Stiegel das bemerkte, blieb er stehen und zog sich sogar wieder ein paar Schritte zurück, um ungesehen zu beobachten, wie die Männer dort hantierten. Das war in der Tat sehenswert. Es waren der Holzhauer viere, die einer mächtigen Buche zu Leibe gingen. Einem vielfältigen Wurzelwerk entstieg der silbergraue Stamm, der bis weit hinauf alles Geäst von sich getan hatte, eine Säule blank und schier, die ihre Kraft streng zusammenhielt, um sie erst hoch oben in der Krone, nun aber hemmungslos ver-

Reinhold Koeppel (1887-1950): Holzzieher (1922).

schwenderisch, zu erhalten. Zwei Jahrhunderte hatten an diesem Baume gebaut, zehnmal siebentausend Tage und Nächte waren über ihn hinweggegangen, und jeder Tag und jede Nacht hatte ihn gefördert, sichtbar oder unsichtbar. Aus dem winzigen Keimling einer Buchecker, einer von tausend und aber tausend, die nicht wie die andern spurlos vergehen sollte, aus diesem kleinen zarten Gebilde war der Baum geworden, der jetzt den Holzhauern verfallen war. Stiegel wußte das alles, und darum stand er, selber angewurzelt wie ein Baum, und verfolgte die Arbeit der vier Männer. Alle vier hatten die Äxte in den Händen, aber nur zwei von ihnen schlugen auf den Baum ein, einer von links, einer von rechts, und schlugen immer in den gleichen Einhieb, den Stiegel nicht sehen konnte, aber sich hinzudachte.

Nach einer Weile traten die zwei beiseite, sie wurden von dem andern Paar abgelöst und schöpften Atem, verfolgten aber den Fortgang der Arbeit. Noch schienen die Axthiebe den Baum nicht zu erschüttern. Die Späne flogen umher und häuften sich vor den Füßen der Hauer, ein heller Kranz auf dem braunen Boden. Die Paare wechselten wieder, die Hiebe hallten im festen Takt durch den Grund und hinauf zu der Anhöhe, wo Stiegel auf der Wacht stand. Er maß die Kraft der Hauer, fühlte die Wucht der ersten Hiebe und gab acht, wie sie allmählich nachließ, er zählte und kam etwas über zwanzig hinaus. Dann trat das andere Paar wieder an. Aber dann wich es beiseite, ehe Stiegel es vermutete. Er hatte das Zeichen des Baumes nicht gehört und nicht gesehen, das Zeichen, daß er sich nicht mehr lange halten könne. Hörbar ist es nur unten am

Stamm als ein Ächzen im Innern und sichtbar nur am Verhalten der Krone. Das hauende Paar hatte den ächzenden Ton aufgefangen, das zuwartende hatte das leise Erschauern der Krone wahrgenommen. Jetzt traten alle vier dicht an den Stamm heran. Einer von ihnen stand bald auf der Schulter eines andern, durch seinen Gürtel war ein Seil gezogen, er klomm noch ein Stück aufwärts. Als er mit der rechten Hand nach dem Seil griff, glitt er wieder zurück. Er versuchte es noch einmal. Stiegel ging etwas vorwärts, er wußte, was der Mann wollte, und mußte sehen, ob es ihm gelang. Es gelang ihm nicht, er glitt wieder hinunter. Aber nun war seine Kraft zu Ende, er mußte es aufgeben und sprang ab.

Während die vier sich fragweise ansahen, kam Stiegel langsam den Hang zu ihnen hinunter. Drei von ihnen waren alte Hauer, zum Steigen nicht mehr jung genug, und der junge hatte es nicht geschafft. Jetzt meinte Stiegel, er möchte es einmal versuchen. Der junge Hauer sprach von der Glätte des Stammes, der seine Narbe und seinen Wulst habe, woran man sich halten könne. Die alten sagten, da Stiegel doch nur promeniere, möge er sehen, ob er sich hier ein bißchen nützlich machen könne.

Stiegel stieg mit dem Seil unter der Joppe einem andern auf die Schulter und mußte dann zwei Mannslängen aufwärtsklimmen, doch bemerkten die Hauer sogleich, daß Stiegel einen bessern Schluß in den Beinen hatte, um so viel besser, daß es gerade ausreichte, als er nach dem Seil griff. Mit den Beinen hielt er sich, er glitt nicht zurück, und verstand auch den Schleif zu ziehen, so daß die Hauer nichts zu erinnern hatten. Dann kam er herunter, man ergriff das Seil, sah sich noch einmal um, wohin der Baum stürzen sollte, und zog an. Das geschah nach Zählen: eins, zwei, ha! Die ersten Rucke erzielten nur ein leises Kopfschütteln des Baumes, doch das genügte ja auch, man wußte nun, daß man ihn zwingen würde. Beim zehnten Schlag ging eine ärgerliche Bewegung durch die Krone. Noch zwei oder drei, und sie begann sich zu neigen. Vor dem nächsten Schlag hieß es: Vorsicht! Nach links 'raus! Dann sank der Baum, er sank langsam, als überlege er noch, wohin er fallen solle. Man hatte jetzt das Seil losgelassen und nur den sinkenden Baum im Auge. Wenn der Einhieb gleichmäßig gerade war, zwang er dem Baum die Fallrichtung auf. Allerdings konnte man nicht in den Stamm hineinsehen und konnte nicht wissen, ob ihm nicht ungleiche Widerstände im Holz einen Dreh gaben, dem die Krone zu folgen hatte. Auf die Krone mußte man blicken. Als sich der Baum bis zum halben Winkel gesenkt hatte, schlug er wie in hinterhältischer Tücke unversehens jäh zu Boden. Ein vieltöniges Rauschen und Knacken hallte durch den Grund. Er stürzte mit solcher Wucht, daß die Verzweigung bis zur Armdicke zersplitterte und die Stümpfe der Brüche tief in den Boden hineingedrückt wurden.

Einer der alten Hauer hatte Stiegel mit sich fortgerissen, Stiegel war dabei hingefallen. Als er wieder hochgekommen war, sagte der Hauer: „Stiegel, jetzt wärst Du eine Leiche, wenn ich dich nicht gepackt hätte!"

Stiegel fuhr sich über den Mund und sagte: „Soso! Nun ja! So ein Baum muß ja auch eine höllische Wut im Leibe haben."

Zasch

Die Bäume mit einer scharfen Axt „an der Gurgel packen", das hat sich der Zasch zur Aufgabe seines Lebens gemacht. Ein fanatischer „Holzer", der „die Bäume angesprungen hat wie ein Stier", aber damit auch, wie konnte es anders sein, eines Tages „an das Herz des Waldes" streifte. So sehr, daß sich dieser bitter an ihm gerächt und ihn schließlich heimgeholt hat. „Nun waren die beiden quitt." Die bewegende Erzählung findet sich unter den Berggeschichten von Fritz Müller, die unter dem Titel „Fernsicht" im Jahr 1922 erschienen sind.

*

Leute mit langen Namen", hab' ich einen sagen hören, "sind wie alle Leute – die Einsilbigen kehren die Welt um." Den Zasch von Flums hab' ich gut gekannt. Wollen sehen, was uns seine eine Silbe sagt. Es muß wohl wahr sein, daß der Mensch in seinen Namen einwächst. Name und Art sind schließlich so durchwachsen und vom gleichen Blut durchspült, daß durch sie derselbe Herzschlag tickt. Zasch – 's ist alles drin im Namen, was Zasch, der Einsilber, erlebt hat. Es war alles eins an ihm, einsilbig seine Rede, einschichtig seine Unbeweibtheit, einsam sein Leben in dem kleinen Haus, das um ein einzig Zimmer herumgebaut war, worin sein Leben ablief. Nein, nicht sein Leben, nur sein Schlaf. Sein Leben war dem Wald verschrieben.

Zasch war ein Holzer. Wie ein Stier hat er die Bäume angesprungen mit der Axt. War ihm keiner zu dick, keiner zu hart, keiner zu hoch. Wenn er einen Baum erblickte, zuckte ihm die Axthand, und die Schultern schoben sich, als ob sie sägten. "Rechnet man's zusammen", sagte mir der Förster, "so hat er allein einen ganzen Bergwald umgelegt." Die Wut aufs Holz muß wohl in seinem Blut gelegen haben. Wie hätt' er sonst als kleiner Bub sein erstes Spielzeug, einen hölzernen Hanskasperl, mit den Zähnen in lauter Splitter reißen mögen.

Seine Vorfahren, hinauf und hinauf, waren lauter Holzer. Einer von ihnen muß dies waldbewehrte Land zuerst betreten haben. Stahlhart müssen seine Augen durch das dichte Holz gegangen sein, das ihn finster ansah, das ihm am ersten Tag den Raum fürs ausgestreckte Schlafen wehren wollte, mit dem er um den Platz für seine Hütte kämpfen mußte.

Jahrhundertlang muß seine Steinaxt, muß die Stahlaxt seiner Enkel durch den Wald gegellt, gewütet haben: „Du oder ich, ich oder du!"

„Zasch", hat der Pfarrer ihn gewarnt, „du treibst's zu arg — auch der Wald will leben, wie du selbst". „Der Wald da drob'n ist mein Gerechtsam, damit kann ich machen, was ich mag!" „Zasch, Zasch, gib acht, der Wald ist lang geduldig, aber wenn er einmal ausholt" — „hol' ich auch aus!" Schwang der Zasch die Axt.

Einmal ging er gegen Abend, müd vom Fällen, über eine Lichtung. Hunderte von Stümpfen in der Runde standen da und starrten. Ihm war es plötzlich unbehaglich zwischen seinen Schulterblättern. Auf einmal sah er, wie aus jedem Strunk ein grauer Zwerg sich hochschob bis zum Ellenbogen. Zasch tat, als säh' er's nicht und wollte weiter. Es ging nicht. Mit den Füßen steckte er in einer Mulde, die sich seltsam zäh und golden füllte. Es waren all die harznen Tränen, die seine Axt dem Wald erpreßt. Die hielten ihn nun fest. Sie zwangen ihn, den Zwergen anzuhören, die zu gleicher Zeit den Arm, den Zeigefinger hoben, die mit einer Stimme sprachen: „Zasch, halt' ein!" Mürrisch brummte Zasch: „Wer seids?" „Die Seelen der gefällten Bäume." „Larifari!" „Zasch, du hast genug gefällt!" Die Fingerspitzen prüften die Schneide an der Axt: „Glaub's net, spür' no' kei' Scharten." „Zasch, hör' auf!" „Erst wenn die Axt da so is', daß man auf ihrer Schneid' nach Wien kann reiten." „Zasch, der Wald ernährt dich — warum willst ihn schlachten?" „Keine G'fahr, der Wald ist groß —" „Deine Axt hat heut' das Herz des Walds gestreift, wenn du noch einen Schlag tust —." Da versanken sie. Der Harzsee schwand. Zasch stolperte ins Tal: „Jetzt no' net, grad' extra net!" Am andern Morgen stand er wieder auf dem Fällplatz. Da fand er einen Baum fast durchgekerbt, nur noch ein Axthieb trennte ihn vom Fall. Zasch ging drum herum: „Das hat ein andrer 'tan, ich mach' keine halbe Arbeit." Er holte aus, er schlug — „Zasch!" schrie's in seinem Rücken. Er sah sich um. Nur einen Augenwinker lang hat er die Augen anderswo gehabt als an der Gurgel seiner Bäume. Rauschend fiel der Baum. Um jenen einen Augenwinkel zu spät sprang Zasch auf die Seite. „Uff!" schrie er, „uff!" sein linkes Bein war unterm Stamm.

Da lag er nun, verbiß den Schmerz und überlegte ruhig. Es brauchte noch nicht schlimm zu sein. Mit einem Fuße unterm Baume ist ein jeder Holzer lebenslang. Langsam zog er das linke Bein an — höllischer Schmerz stach nach ihm. Wieder lag er eine Weile überlegend. Dann versuchte er, den Baum zu wälzen. Der rührte sich nicht.

Mühsam drehte er den Kopf talwärts und wollte schreien, schämte sich, versuchte es ein zweitesmal mit Ziehn und Stemmen. Gelbflammig stach der Schmerz in seine Schläfe —, der Stamm hielt fest. Er sah den Stamm an. Hockte nicht ein grauer Zwerg am andern Ende? Scholl nicht eine Stimme, des Waldes Stimme: „Du hast mich gehabt, jetzt hab' ich dich!" Da überwand er doch die Scham und schrie. Schrie, wie nur ein Holzer schreien kann. Nach jedem Schrei zählte er bis hundert. Schrie dann wieder. Drei Stunden schrie er. Keine Antwort. Da merkte er, der Wald gab keinen seiner Schreie weiter. Da scholl die Stimme wieder: „Hast mein Schreien, als ich umsank, Stamm um Stamm, auch nicht weitergegeben an dein Herz —. Schrei um Schrei, Ersticken um Ersticken!"

Von Stund an schrie der Zach nicht mehr. Still lag er da und dachte nach. Sein Leben zog vorüber. Unbarmherzig lag es bloß. Keine Liebe glänzte drin, kein gütig Wort ertönte, nur ein Ächzen war von Stämmen, welche sanken. Der Abend zog herauf. Die Vögel sangen. Seltsam klar erklang ihm jeder Laut. Kein Trost darin, nur dann und wann erschütternder Willkomm: „Da bist du ja — da bist du ja ..."

Unter ging die Sonne. Die Rehe gingen schlafen. An ihm vorüber zogen sie ganz ohne Furcht. Ein Mutterreh stand vor ihm still, sah ihm ins Auge und ging. Ihr Junges hat im Vorüberhuschen mit dem Fell den Schweiß von seiner Stirn gestreift.

Dunkel ward der Wald. Johanniskäfer fingen an zu leuchten. Ihre Sternlaternen huschten über sein Gesicht. Ihre Funken und die Funken seiner Schmerzen mischten sich in einem wilden Tanze schnell und schneller — da schwanden ihm die Sinne ...

Der Morgen kam. Mit alter Güte küßte er die Kreaturen wach. Doch als er Zaschens Stirn berührte, da erschrak er: Sein Haar war weiß geworden in der einen Nacht.

Als Zasch erwachte, hatte er vergessen, wo er war. Gewohnt, mit beiden Füßen aus dem Bett zu springen, straffte sich sein Körper — so vor Schmerz geschrien hat noch keiner hier im Hochwald.

Mitten in dem Schrei sprang ihn der Entschluß an, wie er die Bäume angesprungen hatte. Ganz ruhig wurde er mit einem Male. Die Axt ergriff er, fühlte ihre Schneide, zielte — ein Schlag, ein Krach: Scharf und sauber war der linke Fuß überm Knöchel abgehauen. Kein Schrei ist ihm entfahren. Den Stumpf zog er hervor, verband ihn mit dem Hemd, errutschte sich zwei feste Gabelzweige und hinkte an den Krücken fort. Einmal hat er sich noch umgeschaut. Schrecklich höhnend bleckte er die Zunge gegen jenen Stamm, darunter noch sein Fuß lag: „Der Fuaß is' guat der Fuaß! – wir zwoa san quitt!" – „No nit, no nit!" zirpte ein Vogel.

Der Zasch hat sich nicht verblutet. An den Gabelästen hat er sich zu Tal geschleppt.

Im Krankenhaus heilten sie den Stumpf. „Zasch", sagte der Arzt, „das Holzen wirst von jetzt ab bleiben lassen?" Zasch gab keine Antwort. Nach seiner Axt verlangte er. Sie wurde ihm gebracht. Die Holzerfinger fuhren über eine schwere Scharte: „Man kann nach Wien drauf reiten", brummte er, „jetzt hör' ich auf." Sie machten ihm ein Kunstbein. Er drehte es in seinen Händen. „Aus was ist dös?" – Kunstleder." – „Und dös?" – „Pilz und Kautschuk." – „Und dös?" – „Aus Holz." Da schmiß er's in die Ecke. Und bekam ein Bein, an dem kein Stückchen Holz war.

Er marschierte wieder leidlich durch das Dorf. Einer hat's nicht lassen können. „Zasch", sagte er, „der Wald da droben ist dir teuer 'kommen?"

„Hundertsiebzig Mark und fufzig", sagte er und schlenkerte den Kunstfuß. Sommerfrischler, die vor seiner Hütte vorüberwanderten, hatten gesungen: „Wer hat dich, du schöner Wald..." „Ha, schöner Wald?" hat der Zasch gemurrt, „ist ein Lump, der Wald!" „Aber Zasch –." „Ein Erzlump ist er!" „Weil – weil weg'n dem Holz." „Ei, ohne Holz erföre man im Winter." „Lieber wachset' mir a Haarpelz!" „Häuser baut man aus Holz." „Lieber wohnet' i in einer Höhl'n!" Schrie Zasch und begann, den Bretterboden seines Zimmers aufzureißen. Man fiel ihm in den Arm. Aber des Nachts warf er Tisch und Bänke in die Ache, zerrte an den Balken seines Hauses und fing an, das Dach abzudecken. „Zasch, ihr seid ja närrisch." „I bin's net, 's Holz is's word'n." „Seid vernünftig, Holz tut keinem was zu leide."

„Ihr kennt's net – i kenn's besser – Holz is' zach – Holz laßt net aus."

„Dafür habt ihr jetzt mit dem Fällen ausgelassen, ihr seid quitt."

„No' nit! hat's g'sagt, no' nit!"

Es war ihm nicht zu helfen. In eine Erdhöhle grub er sich ein. Dort hauste er, verdustert, scheu gemieden, noch ein Jahr. Dann kam das Sterben. Aber Zasch ging nicht aus seiner Höhle. Der Pfarrer zwängte sich hinein. Den Christus hob er hoch im Angesicht des Sterbenden. Der fuhr zusammen: „Jetzt kommt's!" schrie er auf, „jetzt holt's mich!" „Freu dich doch, mein Sohn, daß er dich heimholt." „Net er, net er!" wimmerte der Sterbende, „'s Holz holt mi', 's Holz!" Da stellte der Priester den Gekreuzigten aus Holz zur Seite und legte ein Kreuz aus Messing auf die keuchende Brust. Unter diesem ist der Zasch verschieden. Sie schafften ihn zum Friedhof in die Totenkammer. Ein altes Weiblein, seine Base, betete dort bis Mitternacht für die arme Seel'. Aber als sie aufstand, stand auch der verkrampfte Zasch auf. Irgendetwas hatte ihn nicht sterben lassen. Irgendetwas war noch unbeglichen.

Die Base floh mit Schreien in die Sturmnacht. Zasch aber faßte an den Sarg. Seine welken Hände zuckten: „'s Holz holt mi, 's Holz!" Aus dem Sarge stieg er. Durch den Friedhof ging er. Am Dorf vorüber stapfte er mit graden Holzerschritten. Durch den leichten Neuschnee trieb's ihn nach den Bergen. Von den Höhen heulte ein Orkan: „Da – bist – du – ja .... da – bist – du – ja ...!"

Das halbe Dorf ging auf die Suche. Ein Windbruch hatte in der Nacht gewütet. Unter einem Gewirr gestürzter Stämme zogen sie den Zasch hervor. Die beiden Fäuste waren hochgehoben, als holten sie zu einem Beilschlag aus. Aber das Gesicht war friedlich. Der Pfarrer sah es lange an. Jetzt verstand er. „Heimgeholt, du alter Fäller," sprach er, „heimgeholt und quitt."

Die fremden Holzknechte

Ein munterer Erzähler, dieser Peter Rosegger (1843-1918); seine anschaulichen Schilderungen der Menschen und der Landschaft seiner obersteirischen Heimat machen zugleich ein Stück seiner eigenen kleinen Welt lebendig, die er offenen Herzens in sich aufnimmt. Der etwas schmalbrüstig geratene, in einem weltfernen Winkel zu Genügsamkeit erzogene Waldbauernbub entdeckt sein Schreibtalent während seiner Schneiderlehre in Graz und entwickelt sich im Lauf seines Lebens zu einem volkstümlichen, vielgelesenen Schriftsteller. „Waldheimat" nennt er das Erinnerungsbündel aus seiner Jugendzeit (1877), das auch die Geschichte von den fremden Holzern enthält. „Wie ein erster Wellenschlag aus dem hochbewegten Meere des Lebens waren sie in unseren entlegenen Waldwinkel gedrungen; wie klein war dieser Wellenschlag, und wieviel Unruhe, Unzufriedenheit und Ärgernis hatte er herangeschwemmt! Nach und nach waren die fremden Elemente wieder vergessen ... unsere Jungmagd jedoch träumte bisweilen wachend von einem jungen Holzknecht."

*

Mein Vater verstand sich gut auf das Gerben der Häute, auf die Weberei, auf die Müllerei und auf das Leinölpressen. Bei letzterem war ich als etwa zehnjähriger Knabe ihm oft recht wacker behilflich, indem ich eine Schnitte Weißbrot ins Öl tauchte, das aus der Kluft der Preßbäume rann, und dann mit der gelbglänzenden Schnitte in meinen Mund fuhr.

Während solcher Beschäftigung trat eines Tages der Holzhändler Klemens Zaunreuter in die Preßkammer. Der war einmal Waldmeister bei einem Großgrundbesitzer gewesen, hatte sich aber im Holzhandel so heidenmäßig viel Geld erworben und war bei dieser unerquicklichen Beschäftigung ganz mager geworden, im übrigen aber immer noch leidlich bei Humor. Der Klemens fragte nun, als er in der Holzmulde das Rieseln hörte, ob der Most süß wäre?

Er solle ihn verkosten, lud mein Vater ein; aber als der Klemens die ganze Mulde hob und daraus einen Schluck machte, taumelte er zurück, als ob ihm einer einen Faustschlag ins Gesicht versetzt hätte, und machte den Schluck auf das lebhafteste wieder ungeschehen.

„Schaden kann's nicht, Klemens", tröstete der Vater, „es ist reines Leinöl."

„Waldbauer", sagte hierauf der Holzhändler, sich wieder in Ordnung stellend, „ich bringe dir viel gute Sach ins Haus und du tust mir so was an!"

„Du bist mir auch der erste, der den Flachswein nicht mag!" sagte hierauf mein Vater. „Ist ja richtig wie ein Wein, so guldfarbig und klar. Und für die liebe Gesundheit kannst gar nichts Besseres finden. Ich bin den Ärzten ein paar Ochsen schuldig worden, und dennoch tät' ich heut' tief unter der Erden liegen, wenn der himmlisch' Vater das Leinöl nicht hätt' wachsen lassen."

„Und weil du, gottlob, noch über der Erden stehst, Waldbauer, so wirst halt Geld brauchen", fädelte der Klemens ein. „Schau, mich hat dein Schutzengel hergeführt, ich bring' dir eins."

„O mein du", versetzte hierauf der Vater und legte sich mit seiner ganzen Schwere über den Hebel, daß der Leinkuchen in der Presse noch seine letzten Tropfen lassen mußte, die aber in ein besonderes Töpflein kamen, weil solcher Rest nicht ganz so klar und milde war als die erste Abrunne. „O mein du", sagte er, „das Geld hätt' ich freilich wohl zu brauchen, aber trag's nur wieder fort, ich weiß, was du dafür haben willst. Du willst die sechs alten Fichten haben, die bei meinem Haus stehen. Es geht mir heute um ein groß' Trumme schlechter als vor einem Jahr, wo du dich der Bäume wegen hast angefragt, aber ich hab' dir keine andere Antwort als die dazumal: die sechs Bäume neben dem Haus, die sind ein Angedenken von alters, und wenn ich Akker und Wiesen verkaufen muß und das Vieh aus dem Stall: die Bäume bleiben stehen, und wenn sie mich ohne Truhen ins Grab legen sollten müssen: die alten Bäume bleiben stehen, bis sie selber fallen."

Die letzten Worte waren schnaufend gesprochen, und mit denselben war nun auch der letzte Tropfen aus dem Leintreber.

Der Klemens aber sagte: „Waldbauer, du wirst eine Truhen aus weißem Eschenholz kriegen, Gott geb', daß du sie noch lange nicht brauchest! Du wirst auf der Welt noch gute Tage haben. Du wirst nicht die alten Fichten, aber du wirst aus deinem Wald die schlagbaren Lärchen verkaufen, die drinnen stehen. Hast deine Brieftasche bei dir, so halte sie auf!"

Ich erschrak, als ich die Ziffer der Banknote sah, die der Besucher jetzt aus seinem Leder gezogen hatte und mit zwei Fingerspitzen wie ein Fähnlein vor den zuckenden Augen meines Vaters hin- und herflattern ließ. Das Mißgeschick hatte bei uns dem Holzhändler gut vorgearbeitet, wir konnten all das, was wir unser zehn Köpfe und Mägen bedurften, nicht mehr aus den achtzig Jochen Berggrund herausziehen; der Arzt schickte uns Briefe, die ich nicht weich und sanft genug lesen konnte, daß sie dem Vater erträglich wurden: „Der Waldbauer wird hiermit aufgefordert, binnen vierzehn Tagen... widrigenfalls..." „Da meine Geduld endlich gerissen, so habe ich bewußte Angelegenheit dem k.k. Gerichte übergeben, und wird, wenn nicht innerhalb acht Tagen... die Pfändung..." Derlei sind so ziemlich die ersten Sätze gewesen, die ich in unserer lieben, hochdeutschen Sprache zu lesen bekam. Auch das „Steuerbüchel" mit seinem „Datum der Schuldigkeit" und „Datum der Abstattung" ließ mich ahnen, welche Kraft in der Sprache Schillers und Goethes verborgen liegt.

Es war ein leibhaftiger Hunderter, den nun der

Holzhändler mit den zwei Fingern an der Ecke hielt. - Ob in demselben Augenblicke nicht ein kaltes Schauern durchs Gewipfel der Lärchen gegangen ist, die draußen einzeln zerstreut im Fichtenwalde standen! Ob nicht ein banges Ahnen durch die kleinen Vogelherzen geweht hat, die in jenen Wipfeln ihre Nester gebaut! - Mein Vater streckte die Hand nicht aus nach dem Gelde, aber er verbarg sie auch nicht im Kleide, er beschäftigte sie nicht mit dem Hebel, er ließ sie - wie er von der Arbeit erschöpft, so dasaß - halb offen, wie sie die Natur gebogen, auf seinem Schoße ruhen. Der Klemens lenkte das seltsame Papier hinein, da krümmten sich die hageren Finger sachte - und hielten es fest.

Die Lärchen waren verkauft.

"Nur muß ich mir noch eine Bedingung machen", sagte der Holzhändler, da er wußte, der arme Mann lag bereits in der Gewalt des Geldes, "im Spätherbst, wenn der Schnee kommt, lasse ich die Bäume schlagen. Du wirst dich verwundern, Waldbauer, wenn ich dir sage: über deine Lärchenbäume wird der Kaiser fahren! Ja, ja, zum Eisenbahnbau brauchen wir sie. Meine Bedingung ist die, daß meine Holzknechte, solange sie im Walde arbeiten, in deinem Hause kochen und schlafen dürfen."

"Warum denn nicht!" meinte der Vater, "das ist ja recht brav, wenn's ihnen unter meinem Dach gut genug ist!"

Welch ein Unheil wurde mit diesen gutmütigen Worten über unser Waldhaus heraufbeschworen! Der Klemens schenkte mir noch ein sehr glänzendes Bröschlein und ging dann munter davon.

Ich erinnere mich noch, daß ich mich darüber wunderte; die Munterkeit war doch offenbar unsere

Sache, denn wir hatten das Geld. Der Vater trug das seine in den Dachboden hinauf und verbarg es im Gewandkasten; es wird ja bald wieder auswandern. Dann gingen die Tage hin, wie sonst, und im Walde standen die Lärchen und schaukelten im Winde ihre langen Äste, wie sonst, und wurden im Herbste gelb, wie sonst, und setzten an den Zweigen für ein nächstes Frühjahr an, wie sonst.

„Die wissen's auch nicht, daß sie schon so bald sterben sollen!" sagte mein Vater einmal zu mir, als wir von der Wiese herauf durch den Wald gingen. Ich tröstete mich aber mit der Hoffnung, daß der Holzhändler Klemens, der gar nicht mehr in unsere Gegend kam, diese Lärchen vergessen würde. Meine Mutter, der ich das heimlich aussprach, rief laut: „O, Kind, der vergißt auf seine Seel', aber nicht auf die Lärchen!"

Und eines Tages, als der Erdboden schon fest gefroren war, als das Moos unter den Füßen knirschte und brach, da hörten wir im Walde das Rauschen der Säge. Wie wir über die braunen Fichtenwipfel hinschauten, sahen wir aus denselben den gelblichen Spitzkegel eines hohen Lärchenbaumes ragen. Das Rauschen der Säge verstummte, die Keilschläge klangen, da neigte sich sachte der Kegel, tauchte nieder und im Erdboden war ein Zittern.

Am Abende darauf hatten wir die Holzknechte im Haus. Es waren nur zwei, und als wir sie sahen, gefielen sie uns allen. Der eine war schon betagt, hatte einen langen roten Vollbart, eine Glatze und eine scharf krummgebogene Nase. Die Äuglein des Mannes schienen sehr klein, weil die roten Wimpern und Brauen von der Hautfarbe kaum abstachen, aber in den Äuglein war viel Spaß und Schalkheit. Der andere war wohl um zwanzig Jahre jünger, hatte ein braunes Bärtlein; wer seinen strammen Nacken und seine breite Brust beachtete, der wußte es: ein kernfester Holzknecht. Beide hatten steife Schurzfelle um und rochen nach Harz und Holzspänen.

Für uns war bald abgekocht, so überließ ihnen die Mutter den Herd. Und wahrlich, die verstanden ihn zu benützen! Was sie da kochten, war nicht das bekannte Holzknechtwildbret, als Hirschen, Füchsen, Spatzen und dergleichen Nocken, wie man sie aus Mehl und Fett zubereitet: das war wirklich Fleisch und Speck und Braten, und das schmorte und knatterte in den Pfannen, daß unsere Mägen, welche mit einer Brotsuppe und Erdäpfeln abgetan worden, in Aufregung gerieten. Aber der Rote zerriß mit den Fingern ein ganzes Speckstück und wir sollten kosten. Einen mit Stroh umwundenen Zuber hatten sie bei sich, daraus tat einer und der andere tapfere Züge. Der Rote lud meinen Vater ein, ihren Wein zu versuchen. Er tat's und dabei erging's ihm noch schlechter als dem Klemens bei der Leinölmulde: im Zuber war höllischer Branntwein. - Jetzt war's Tag für Tag, daß die Holzhauer in unserem Hause praßten. Uns verging die Lust an unserer täglichen Kost, weil wir den Überfluß und das Wohlleben sahen. Wir wurden unzufrieden, und unser Gesinde, das aus zwei halberwachsenen Dienstmägden und der blinden Einlegerin bestand, tat manchen Seufzer. Doch der Rote wußte uns zu ergötzen. Er erzählte von den Städten und Ländern, denn die beiden Männer waren viel herumgekommen und hatten in großen Fabriken gearbeitet. Dann gab er Schwänke und Schalkheiten zum besten; in den ersten Tagen auch Rätsel und drollige Wortspiele, bei denen die Mädchen viel kicherten, Vater und Mutter stillschwiegen und ich nicht recht wußte, was ich mir denken sollte. Dann kamen Liedchen, in welchen zum inneren Entzücken unseres Gesindes das ländliche Liebesleben in allen seinen Gestalten zu klarem Ausdruck kam. Für uns Kinder war's da allemal Zeit ins Bett zu gehen, aber unsere Strohschauben befanden sich eben in der Stube, in welcher die lustigen Dinge vorgingen. Wir schlossen wohl die Augen und ich hatte wirklich den festen Willen einzuschlafen, doch die Ohren blieben offen und je fester ich die Augen zudrückte, je mehr sah ich im Geiste.

Bayerischer Holzknecht. Nach dem Gemälde von D. Breitbach.

Der junge Holzknecht war still und ordentlich, blieb des Abends auch nicht so lange in der Stube, sondern suchte stets beizeiten seine Schlafstelle auf, die draußen im Heustadl war. Diesem gesitteten Beispiele konnten doch auch die Mädchen nicht nachstehen, sie ließen den Roten schwatzen und verloren sich. Mein Vater bemerkte einmal zum Roten, daß der Junge gescheiter wäre als der Alte, worauf der Rote sagte, ob dem Bauer etwa die lustigen Liedlein nicht recht wären, dann wolle er fromm sein und beten. Und hub betrunkenerweise an, im Tone des Vaterunsers Spottsprüche herzusagen; stieg auf den Herd und verhöhnte in der Predigermanier eines Kapuziners die heiligen Apostel, Märtyrer und Jungfrauen, so daß meine Mutter mit aufgehobenen Händen vor meinen Vater trat: „Ich bitte dich tausendmal, Lenzel, wenn du mir diesen gottlosen Menschen nicht bei der Türe hinauswirfst, so tu' ich es selber!"

„Weibel, tu's selber!" rief der Rote, sprang vom Herd herab und wollte die Mutter packen und liebkosen.

Das war unerhört. In unserem Hause, wo jahraus jahrein kein unanständiges Wort gesprochen wurde, plötzlich solche Sachen! Mein Vater war schier gelähmt vor Erstaunen, die Mutter aber faßte den frevelhaften Holzknecht am Arm und rief: „Jetzt gehst, Schandmaul! und in mein Haus kommst mir nimmer!"

Nicht einen Zoll ließ sich der Holzhauer vom Fleck rücken.

„Wenn die Waldbauernleut' schon so fromm sind", sagte er immer noch im Predigerton, „daß sie vergessen, was sie unserem Herrn versprochen haben, so geh' ich deswegen doch nicht aus diesem Dach hinaus. Weiber jagen mich nicht, da zieht's mich noch alleweil näher hin."

„Vielleicht jagen dich Männer und Ofenscheiter!" sagte jetzt mein Vater und riß mit einer Schnelligkeit und Entschlossenheit, die ich an dem sanftmütigen Manne bisher nicht erlebt, ein Holzscheit von der Asen. Der rote Holzknecht fiel ihm in die Arme, sie rangen. Die Mutter suchte den Vater zu schützen, meine Geschwister in Stroh und Windeln erhoben ein Geschrei, ich sprang im bloßen Hemde zur Türe hinaus und rief die Mägde um Hilf' an, die wohl schon friedsam in ihren Nestern ruhen mußten. Die blinde Jula kam als die erste glücklich über den Hof gehumpelt, während eine der Sehenden über den Schweinetrog stolperte. Und die Jungmagd kletterte auf mein Geschrei und den Lärm im Hause, des Schreckens voll, die Sprossenleiter hernieder, die vom Heustadl in den Hof herabführte. Ohne damals die Tragweite dieser letzteren Tatsache zu erwägen, eilte ich wieder ins Haus, wo die beiden Männer im Kampfe schnaufend und ächzend in der Stube von Wand zu Wand fuhren. Der lange Bart des Holzhauers hatte sich in Fetzen um das Haupt meines Vaters geschlungen; dieser schien doch die Oberhand zu gewinnen; da kam der junge Holzknecht, bloß im Hemd und blauer Unterhose zwar, aber mit der ganzen Wucht seines Körpers. Die Weiber taten, was bei solchen Auftritten ihres Amtes ist, sie schlugen die Hände zusammen und jammerten. Meine Mutter nur, als sie sah, es wäre alles verloren, erfaßte auf dem Herd einen lodernden Feuerbrand, rief: „Ich will euch noch hinaustreiben, ihr Raubersleut', das weiß ich gewiß!"

und fuhr mit dem Brande an den Bretterverschlag.

„Die Furie will uns verbrennen!" kreischten die Holzknechte und stürzten durch den wirbelnden Rauch zur Tür hinaus.

Wir waren von den unflätigen Gesellen befreit, aber die Flammen züngelten lustig die Wand hinan. Mit Not und Wasserkübeln gelang es noch, die Feuersbrunst zu ersticken.

So ist derselbe Abend in eine stille bange Nacht übergegangen. Die Haustür hatten wir verriegelt und verrammelt, und als wir das Kienspanlicht ausgelöscht, horchte später der Vater an den Fenstern, ob sie etwa noch draußen.

Es blieb still, erst am nächsten Morgen kam der junge Holzknecht, um seine und seines Kameraden Geräte mit sich zu nehmen. Sie haben sich dann im Walde aus Holzschwarten und Baumrinden eine Hütte gebaut, in welcher sie den halben Winter über wohnten, bis die Lärchenstämme verarbeitet waren. Wir waren jedoch überzeugt, daß sie Böses gegen uns spinnen mußten, worauf aber die Jungmagd einmal ganz klug bemerkte, daß beste wäre doch, mit solchen Leuten sich stets in gütlicher Weise zu vertragen.

„Du hast leicht reden, Dirn, du weißt nichts," entgegnete ihr mein Vater. Auf ein solches – schwieg sie. Sie wußte viel.

Da hatte ich zur selben Zeit einen neuen Schreck. Aus Begierde, die gottlosen Gesellen doch noch einmal zu sehen und zu beobachten, ob ihnen bei ihrer Holzarbeit nicht etwa der Teufel knechtliche Arbeit leiste, lugte ich eines Tages vom Waldwege aus durch das Dickicht auf ihren Arbeitsplatz hin. Da sah ich, daß sie lange Totentruhen machten.

Ich berichtete das zu Hause und rief damit eine große Erregung hervor. „Wie ich sag', sie haben noch was im Sinn!" sagte meine Mutter. Der Vater vermutete: „Bub, du wirst wieder einmal beim hellichten Tag geträumt haben. Nachschauen will ich aber doch gehen."
Wir gingen in den Wald. Mein Vater guckte durch das Dickicht zu den Holzhauern hin – und da sah ich, wie er blaß wurde. „Uh, Halbnarr!" lachte er ächzend, „die graben uns Bauern von ganz Alpl ein!" In ganzen Stößen waren die Totensärge aufgeschichtet und noch immer hackten sie mit ihren Beilen an neuen herum. – Wir schossen davon, um alsogleich dem Ortsrichter, der auf dem Berge jenseits des Engtales sein Haus hatte, die Mitteilung zu machen von dem, was wir gesehen. Unterwegs dahin begegnete uns der Zimmermann Michel, dem sagte mein Vater, er möge all seine Hacken und Messer bereit halten, es habe den Anschein auf schlimme Zeiten. Die fremden Männer, die in seinem Walde arbeiteten, täten nichts, als Totentruhen machen.
„Ja", antwortete der Michel, „ich hab's auch schon gesehen, ein Glück ist nur, daß diese Truhen nicht hohl sind." Hierauf belehrte uns der erfahrene Mann über die Form der Eisenbahnschwellen, die gewöhnlich zu zweien aus dem Block gehauen, bevor sie auseinandergeschnitten wurden, mit ihren sechs Ecken einem Sarge glichen. Wir kehrten alsogleich um und als wir auf dem Feldraine hingingen, wo der Rasenweg glatt und hübsch eben war, sagte mein Vater zu mir: „Jetzt hätten wir schön Zeit, daß wir uns selber auslachen kunnten, sonst tun's andere. So geht's, wenn man wem Feind ist, des Schlechtesten zeiht man ihn und ist so verblendet,

als hätte einem der bös' Feind die Hörner in die Augen gestoßen. Am Ende sind auch die zwei Holzhacker nicht so schlecht, als sie ausschauen. Wie der Will', ich werd' froh sein, wenn sie beim Loch draußen sind. Und das weiß ich: der Klemens kauft mir keine Lärchen mehr ab."

„Weil Ihr keine mehr habt", war meine Weisheit drauf. Der Vater schien sie nicht gehört zu haben.

Die Holzknechte waren endlich fortgezogen und mit ihnen die Lärchenschwellen. Die rötlichen Baumstöcke blieben zurück und auf den Poren derselben standen helle Tröpflein des Harzes. „Daß sie keine Christen waren", bemerkte mein Vater einmal, „zeigt sich schon darin, daß sie nicht in einen einzigen Stock das Kreuzel eingehackt haben". Im Walde war's nämlich damals noch Sitte, daß die Holzknechte in jeden Stock, sobald der Baum gefallen war, mit dem Beil ein Kreuzlein eingruben. Warum, das habe ich nie recht erfahren können; es wird wohl aus demselben Grunde geschehen sein, aus welchem der Schmied beim Wegziehen des glühenden Eisens mit dem Hammer noch ein paar leere Schläge auf den Amboß tut. Man will mit solchen Dingen dem Teufel, der bekanntlich nie müßig ist und sich in alle Arbeiten der Menschen mischt, das Handwerk legen.

Mein Vater, dessen Leben stets so sehr mit dem Kreuze verwoben war, ging hinterdrein und hieb in die Lärchenstöcke Kreuze ein. Also war's wieder in Ordnung mit dem Walde und voller Frieden, wie es ehedem gewesen.

Mir san die lustigen Holzhackerbuam

Zu der Melodie der Tiroler bzw. der lustigen Holzhackerbuam scheint es eine ganze Reihe von Textvarianten zu geben; drei davon sollen hier genannt sein:

Ja, wir san de lustigen Holzhackerbuam,
wir fürchten koan Teifi, koan Jaga und koan Buam,
ja, dreie, viere fürcht' mr net,
fünfe, sechse a no net,
ja, wir ham scho achte g'haut,
oh, da hab'n d'Leit so g'schaut.

(Bayerische Oberland-Version,
mitgeteilt von Sepp Demleitner)

In Tirol da san wohl d Holzknechtleut
jederzeit
voll Hamur spat und fruah,
denn de habn's Zeug dazua.
Alle fesch,
keck und resch,
jede Dearn
hat das gern,
ja de Leut
habn an Schneid, a Schneid.
(Jodler drauf)

(Volksmusikarchiv Bezirk Oberbayern)

Tiroler Holzhackerbuab'n!

1.

Im grünen Wald hochdrob'n auf die Berg,
da find't ma den Holzhackerbuam beim Tagewerk;
gar schwer is sei Arbeit,
doch fröhlich wird's g'macht,
mit seiner Axt da haut er drein,
daß alles kracht.
Wann's wettert und blitzt oder d'Sunn füri scheint,
im Wald find't man'n g'wiß,
denn der Wald der is sei Freund.
Dort singt er zur Arbeit,
's geht flink von der Hand,
ja d'Holzhackerbuam,
dö san dir sakrisch beinand.
Ihm is ka Berg nöt z'hoch,
ka Oachbam is ihm z'dick,
ins g'fährlichst Adlernest da steigt er'nein am Strick.
Das schönste Edelweiß
holt er sich für sein Schatz,
das tragt ihm jedesmal an süßen Schmatz.
Spielt Sonntags d'Musi auf, tanzt er allani g'wiß,
denn um den Holzknechtbuam is allerweil a G'riß;
dö andern Buama steh'n, schau'n alle giftig drein,
tät aner sich nur rühr'n, könnt's g'fährlich sein.
Wia d'Felsen so stark san dir ja d'Holzknechtbuam,
dö fürchten kan Teufel, ka Wetter, kan Sturm.
Doch is das Herz voller Liab und voll Treu,
a Falschheit, dö find't ma bei koan nöt dabei.

2.

A Hütterl hoch drob'n auf an sonnigen Roan,
das Dacherl mit Moos deckt, beschwert mit an Stoan,
so daß der Wind, wann er oamal gach waht,
das Hütterl am End nöt ins Tal abi draht;
dös Hütterl is' putzig, gar nieder die Tür,
die Kuchl, dö strahlt ganz vor blitzblanken G'schirr,
das Zimmer is freundlich, an Eck und an End,
es liegt halt die Wirtschaft in fleißige Händ!
Da haust dem Holzknechtbuam sei Allerliabste drin,
das G'sichterl frisch und g'sund
strahlt wia der Sonnenschein,
a Grüaherl in der Wang' und Äugerln lieb und blau,
just wia der Himmel drob'n is ganze G'schau.
Und unter Küssen und Plaudern mit ihr
verschwinden's in d'Hütt'n, verriegeln die Tür,
dann stört gar nichts mehr die himmlische Ruah,
nur d'Vögerln dö singen das Liaderl dazua.
In Tirol da san wohl d'Holzknechtleut
jederzeit voll Hamur spat und fruah,
denn dö habn's Zeug dazua. Alle fesch, keck und resch,
jede Dearn hat das gern,
ja die Leut' hab'n a Schneid, a Schneid.
Wia a Bam jeder Bua und sei Herz no dazua
immerdar treu und wahr, ob in Fried oder G'fahr,
voller Freud jederzeit gibt fürs Land Herz und Hand
je der wohl für sein schön's Tirol.

Holzhacka-Thresei

Es wollen zwölf Jaga ins Birschn ausgehn,
beim Holzhacka-Thresei da kehren sie ein.
Geh Thresei, steh auf und tua uns Tür aufmacha,
zwölf Jaga san draußn,
muaßt uns Krapfn bacha.
„I derf net aufmacha, i derf net auftuan,
is neamad herinna als i grad alloan."
„Du derfst scho aufmacha, du derfst scho auftoa,
hast an Holzhackafranzl drinna, du bist net alloa."

„Geh Franzl, tua auf und ziag o dein grean Rock,
du muaßt jetzt mit uns geh ins Hochbacha Schloß."
„Dafür das i mit enk geh, dafür gib i mei Lebn,
a zwanzg, a dreißg Guldn, dö tat i enk scho gebn."

Vorgesungen von Martina Eder, Zell bei Ruhpolding, 22.11.27. Hat viel Ähnlichkeit mit dem Boarisch Hiasl-Lied.
Bei Kiem Pauli: Sammlung obb. Volkslieder 1934.

Im Fruahjahr, wann da Schnee weggeht

Im Fruahjahr, wann da Schnee weggeht,
gehn Holzknecht mit an Wald,
an Robi, der aus Rindn is,
da bleibn ma, jung und alt.
Mir schneidn Bam die größten her,
für so an Holzknecht is an Ehr,
wenn er im Schlagn net is da letzt
und arbat frisch und gsetzt.
Holari holdio, holari holdio, tralala lala holdio,
holari, holdio, hola holdio, ho, holdio.

Fruahmorgens, wenn der Tag erwacht,
da stehn wir Holzknecht auf,
a kurz Gebet, zum Herrgott gschaut,
dann gehts den Wald hinaus.
Da hör ma hacka, schlagn und schneidn,
aft mischt si no a Liadl drein,
a Vogl singt, da Kuckuck schreit,
im Wald draußd is a Freud.
Holari usw.

Auf d'Nacht, wenn wir im Hütterl san,
wia gmüatli is grad da,
sitzt jeda um sei Feuerl rum
und kocht sei Müaserl a.
Da wird oft dischkuriert grad gscheid,
gewöhnli vo di Weibaleut,
wia si manche draht und was probiert,
damit s' die Buam fixiert.
Holari usw.

Vorgesungen von Thoma Anni, Holzkirchen, 1927.

Gstanzl: Mir san frische Holzer!

Mir san frische Holzer,
mir holzn an Wald her,
ho-la-re-di-ri-hol-djo; mir lassn den Gamserln
koan Unterstand mehr,
ho-la-re-di-ri-hol-dio.

In da Fruah um halbe drei
hat d'Hennasteign kracht, da hat ja da Gogl
sei Schuldigkeit gmacht.

In da Früah, wann i aufsteh,
denk i an mein God,
dann trink i mein Branntwei,
dann schneid i mei Gsod.

Bal i Hü sag, nacha gehts,
wann i Öh sag, nacha stehts,
bal i schnallz, nacha krachts,
bal i kimm, nacha lachts.

Balst a Fuhrmo willst sei,
na merk da des fei:
muaßt wistahe fahrn
und an Haban net sparn.

In Walgau bei Mittenwald, Gasthaus Klausn, von verschiedenen Leuten gesungen, 8.6.1929.

Holzerliadl

Es san drei Holzknecht, frisch voll Muat,
de lassn ja net aus;
an Hirgscht da werd
de Hacka gschärft
- dann gehts in' Woid hinaus.

Sie schlagn de Bam her wias es braucht,
da Sepp treibt d'Hacka nei;
dazua werd a gschmacks Pfeiferl graucht,
so gehts tagaus, tagein
— dann gehts in' Woid hinaus.

Z'Mittag da werd a Feia gmacht
und's Brot a weng obräunt,
de Suppn gwärmt,
dischriert und glacht
und Füaß a weng aufgleimt
— dann gehts in'Woid hinaus.

So arwatns all Tag, de drei,
daß Sag und Hacka klingt,
bis daß da Winter is vorbei
und's Lerchat wieda singt
— dann gehts in'Woid hinaus.

Wia machans denn die Holzknecht?
A soda machan sie's:
Im Kobel beißen d'Läus und d'Flöh,
drum steigens am Irchta erst in d'Höh!
Ja, so, aber a so, aber a soda machn sie's!

Kobel = Rindenhütte
Irchta = Irchtag = Ertrag = Tag des germ. Gottes Er = Dienstag. Weil den
Holzknechten das Blaumachen am Montag nachgesagt wird.

Aus einem in ganz Deutschland bekannten Scherzlied (mit insgesamt 17 Strophen), das jeweils einen Berufsstand aufs Korn nimmt. Es gibt davon sehr alte Fassungen.

> Und de Holzknechtbuama
> müassn früah aufstehn,
> müassn s Hackei nehma
> und in Holzschlag gehn.
>
> Wann de Sunn schön scheint
> und des Hackei schneidt,
> haben de Holzknechtbuama
> halt de größte Freid.
>
> Und de Holzknechtbuama
> tuat's gar narrisch gfrein,
> wann's a Liadl singan
> und frisch „Juhe" schrein.
>
> Wann des Liadl klingt
> und da Jodla hallt
> gfallt's an Holzknecht
> draußt im Wald.
>
> (Aus der Ruhpoldinger Gegend)

Ebenfalls:

> Und am Sonntag sitzen d'Holzknecht hinterm Kruag,
> Saufan ganze Lackn, kriagn halt gar net gnuag.
> Woaßt des kimmt vom Muas, des pappt d'Gurgl z'samm,
> Braucht scho woitan saufa, bis es aufgwoacht ham.

Bin in net a kreuzlustiga Holzhackasbui

Bin in net a kreuzlustiga Holzhakkasbui,
und wenns man net glabm wollt,
so höarts amal zui:
Muiß allweil am Holzplatz stiahn
und allweil grad schrein: „Juchhe,
Holz habm ma da,
Schoatn habm ma da,
Sagemehl habm ma aa.
Fidel! Sagemehl habm ma aa."

Bin i net a kreuzlustiga Fiakasbui
und wenns ma net glabm wollt,
so höarts amal zui:
Muiß allweil am Fuahrplatz stiahn
und allweil grad schrein: „Juchhe,
fahrn ma, meine Hearrn,
's Geld hattn ma gearn
af'n Buggl schmeißn tüan ma aa!"

Bin i net a kreuzlustiga Fleischhackasbui
und wenns ma net glabm wollt,
so höarts amal zui:
Muiß allweil am Fleischstock stiahn
und allweil grad schrein: „Juchhe,
Hintas habm ma da, Vordas habm ma da,
Facknschwanzl habm ma aa!"

Bin i net a kreuzlustiga Ahrntalarbui
und wenns ma net glabm wollt,
so höarts amal zui:
Muiß allweil am Kirchplatz stiahn
und allweil grad schrein: „Juchhe,
ranggln tatn gearn,
raafn tüan ma aa,
Finga haggln tüan ma aa!"

Lied der Holzhauer

Wir sind ihm treu ergeben
zu jeder Jahreszeit;
Wir haben unser Leben
dem grünen Wald geweiht.
Ob mancher auch, ihr Brüder,
im Wald sein Leben ließ,
für uns ist immer wieder
der Wald ein Paradies.

Uns rauscht er seine Lieder;
und wir verstehn sie;
und unser Blut rauscht wieder
des Waldes Melodie.
Das ist kein süßes Weben,
wie mancher hat gedacht;
es rauscht vom Kampf ums Leben
der Wald bei Tag und Nacht.

Es ist ein hartes Ringen
in Waldeseinsamkeit,
wenn zu der Äxte Klingen
die Säge krächzend schreit;
und wenn mit dumpfem Schalle
ein Baum zu Boden sackt,
dann wissen immer alle,
daß es auch uns einst packt.

Jedem rauschen die Wälder
einmal sein letztes Lied;
nur, daß es manchmal bälder,
manchmal später geschieht.
Dann bitten wir euch, Brüder,
brecht uns ein Zweiglein ab
im Wald und legt es nieder
auf des Waldhauers Grab.

Philipp Würger

Der beschriebene Tännling

Schauplatz der Erzählung sind die böhmischen Wälder um Oberplan, der Heimat des Dichters und Malers Adalbert Stifter (1805-1868). Dort gelten der Holzknecht Hanns und die Dorfschöne Hanna als Liebespaar, bis sie eines Tages dem reichen, zur Jagd angereisten Märchenprinzen Guido begegnet und ihm schließlich in die große weite Welt folgt. Hanns hegt Mordgedanken und wetzt schon seine Axt, macht jedoch dann unter einer durch viele eingeritzte Zeichen geadelten Tanne eine innere Wandlung durch; ein „sanftes Gesetz" bringt ihn von seinem Vorhaben ab und läßt ihn zu jener menschlichen Größe reifen, die ihn auch zum Verzicht auf diese zur Leidenschaft angewachsenen Liebe bewegt. Maß in der Handlungsweise eines Menschen – das ist es, was uns Stifter in dieser von märchen- und legendenhaften Zügen durchsetzten Novelle als „moralische Anstrengung" nahebringen möchte. Hier eine verkürzte Fassung.

Stationen im Arbeitsleben der Holzknechte, nach einer Zeichnung um die Jahrhundertwende.

Er war ein Holzknecht in den oberen Wäldern, der lange Hanns geheißen, aber er war sehr ehrbegierig und stolz, arbeitete tüchtig, trug sonntags schöne Kleider, klimperte mit dem Gelde in der Tasche und litt keinen Schimpf und Hohn, wie gering er auch war, sondern nahm den Schimpfenden an dem Kragen des Hemdes, oder an der Schulter und warf ihn in das Gras, oder in den Sand, oder in eine Rinne, wie es kam. Dieser Hanns ging oft in das weiße Häuschen zu Hanna, er brachte ihr alles, was er erarbeiten konnte, daß sie nichts entbehre und ihren Leib schmücken könne. Die Leute behaupteten, sie sei auch dankbar, indem sie sagten, daß sie gesehen hätten, wie sie neben den grauen Steinen und grauen Sträuchen ihre Arme um ihn geschlungen und mit ihren Lippen ihn geküßt hätte.

Wenn man gegen das Oberplaner Tal hingeht und sein Angesicht gegen Westen wendet, so sieht man in dem fernen Blau der Wälder, die man da vor sich hat, allerlei seltsame Streifen hinziehen, die meistens rötlich, matt leuchtend und dämmerig sind. Sie sind Holzschläge, und die großen Wälder, von denen man den oberen Wald rechts hat, die Seewand gerade vor sich und die Alm links, enthalten viele derselben. Eigene Menschen werden das ganze Jahr hindurch beschäftigt, und das Geschäft eines Holzhauers ist nicht freudenlos und nicht entblößt von dichterischen Reizen, und wenn ein Mann ein reicheres und weicheres Herz hat, so hängt er mit einer gewissen Schwermut an seinem Tun und an den Schauplätzen desselben. Wenn man von Pichlern durch die Felder westwärts geht und das Dorf Pernek hinter sich hat, so beginnen schon die

Wälder. Es steht hinter Pernek der Hausberg, der mit all den folgenden Wäldern zusammenhängt. Aber auf ihm stehen zarte Birken und andere gesellige Gruppen von Bäumen auf Rasenplätzen, die man einst gereutet hat, damit die Rinder dort weiden können. Weiter aufwärts sind die Wälder schon dichter, und in dem Innern ihrer großen Ausbreitungen hegen sie die Holzschläge. Wenn man den Rand eines solchen Streifens betritt, wie wir sie oben genannt haben, so ist er in der Nähe größer und ausgedehnter, als man sich in der Ferne gedacht hätte, und die Menschen sind auf ihm beschäftigt. Es liegen, wie Halmen gemähten Getreides, die unzähligen Tannenstämme verwirrt herum, und man ist beschäftigt, sie teils mit der Säge, die langsam hin- und hergeht, in Blöcke zu trennen, teils von den Ästen, die noch an ihnen sind, zu reinigen.

Diese Äste, welche sonst so schön und immer grün sind, haben ihre Farbe verloren und das brennende Ansehen eines Fuchsfelles gewonnen, daher sie in der Holzsprache auch Füchse heißen. Diese Füchse werden gewöhnlich auf Haufen geworfen, und die Haufen angezündet, daher sieht man in dem Holzschlage hie und da zwischen den Stämmen brennende Feuer. An anderen Stellen werden Keile auf die abgeschnittenen Blöcke gestellt, auf die Keile fällt der Schlägel, und die Blöcke werden so getrennt und zerfallen in Scheite. Wieder an andern Stellen ist eine Gruppe beschäftigt, das Wirrsal der Scheite in Stöße zu schichten, die nach einem Ausmaße aufgestellt sind, und in denen das Holz trocknet. Diese Stöße stehen oft in langen Reihen und Ordnungen dahin, daß sie von ferne aussehen, wie

Bänke von rötlich und weiß blinkenden Felsen, die durch die Waldhöhen hinziehen. An einer Stelle des Holzschlages ist die Hütte der Arbeiter, das ist ein von der Erde aufsteigendes Dach, das vorne mit Stämmen gestützt und seitwärts mit Zweigen und Reisig gepolstert ist. Sein Raum enthält das Heulager der Arbeiter, die Truhen mit ihren Kleidungsstücken, manche Geräte und Geschirre und allerlei anderes, was ihnen in diesem Waldleben nötig, oder nützlich ist. Vor der Hütte brennt das Feuer, an dem sich das Mittag- oder Abendmahl bereitet. Es ist nicht viele Sorge auf Genauigkeit und Holzersparung verwendet, indem um die kochenden Töpfe gleich ganze Stämme herumliegen, die da verkohlen. Von solchen verkohlenden Stämmen rührt der schöne blaue Rauch her, den man oft tagelang aus den fernen Wäldern aufsteigen sieht. Von den Füchsen, die man in den Holzschlägen verbrennt, kommt wenig oder gar kein Rauch; denn anfangs brennen sie mit einem glänzenden rauchlosen Feuer, dann wenn die Nadeln und das Reisig verbrasselt haben, und sich die dickeren Äste in der Glut krümmen, erscheint wohl etwas Rauch, aber er ist zu machtlos, kräuselt sich dünne durch die Zweige der noch stehenden Bäume und verliert sich am Himmel. So sieht ein Holzschlag aus, auf ihm ist Leben, Regung und scheinbare Verwirrung, an seinem Rande, wo er aufhört, ist es stille, und dort steht wieder, wie es erscheint, der feste, dichte, unerschöpfliche ergiebige Wald.

Wenn eine Fläche des Waldes abgeschlagen ist, wenn die Scheite geordnet, getrocknet, weggeführt sind, wenn die Reisige verbrannt wurden, wenn man keine Hütte der Holzhauer mehr sieht, und die

Arbeiter fortgegangen sind, dann ist der erste Teil des Lebens eines Holzschlages aus, und es beginnt nun ein ganz anderer stillerer, einfacherer, aber innigerer.

Wenn der Holzhauer auch schon die Stätte seines Wirkens verlassen hat, so liebt er sie doch noch immer, und wenn er nach langen Jahren durch den neuen Anwuchs geht, durch die Himbeergesträuche, durch die Gezweige, die Axt auf der Schulter, oder die breite Säge über den Rücken gebunden, so wandelt er in seinem Reiche, er gedenkt der Tage, wo er hier gewirkt hat, und wenn er auch nun in andern, frischen Wäldern beschäftigt ist, so gehört doch auch ein Teil seines Herzens der Stelle, auf der einst seine Hütte gestanden war.

Der lange Hanns arbeitete in dem Schlage des Thußwaldes. Der Thußwald aber liegt so weit in der Tiefe der Bergrücken zurück, daß die Holzarbeiter die ganze Woche dort beschäftigt sein mußten und nur an Sonntagen den weiten Weg zu den Menschen und in die Kirche hinaus machen konnten. Hanns war, wie ein König, in seinem bunten, einsamen, entfernten Schlage. Teils gehorchten manche ihm freiwillig, weil er ein guter Anordner war, teils scheuten sich manche, weil er große Körperkräfte besaß, und teils ehrten ihn viele, weil er ein vorzüglicher Arbeiter war. Da stand er nun entweder an einem Stamme, zirkelte die Stelle, wo er angesägt werden solle, daß er wanke, weiche und sausend und krachend in das andere Gehölz niederstürze – oder er war um den gefallenen Baum beschäftigt, im Gestrippe und Geniste stehend, daß die Äste und Zweige wegkämen, und der Stamm frei zur Arbeit würde – oder er half schon, ihn in Stücke zu zerteilen, und da rollte seine Säge frisch und tüchtig hin und her – oder sein Arm schwang den Schlägel, daß er klingend auf den Keil fiel – oder er stand hoch auf einem Stoße, die dargereichten Scheite schnell legend, daß ihm zwei Handreicher nicht folgen konnten, und daß es unter ihm zusehends wuchs. Er war gewöhnlich zur Arbeit gehörig gekleidet. An seinem Oberleibe hatte er schier kein Gewand; denn das grobe Hemd war zurückgeschlagen und an den Armen weit über den Ellbogen aufgestellt; um die Lenden war das linnene Kleid, an den Füßen hatte er die starken, jedem Dorne und Splitter trotzenden Bundschuhe an, und auf dem Haupte war gewöhnlich nichts als das rötliche, leuchtende Haar.

So ging die Woche dahin, und so vollendete die Sonne fünfmal ihren Kreislauf um den Himmel und beschien fünfmal die seltsamen, verschiedenartigen Dinge des Holzschlages.

Wenn es am Samstage Mittag wurde, da hörte das Wochenwerk auf, und es wurden Anstalten zum Fortgehen getroffen. Ruhe herrschte auf dem Platze, alle Werkzeuge, Kleiderstücke, Töpfe und dergleichen wurden zusammengelesen, die Arbeiter trafen bei der Hütte ein, dort wurde einiges zusammengeschnürt, daß man es mitnehme, anderes wurde geborgen, daß es dableibe, schönere Kleider wurden aus den Truhen hervorgesucht, es wurden Angesichter gewaschen, manches wurde noch genestelt, und einige und andere schlugen den Weg ein, der sie eben ihrer Heimat zuführte. Mancher ganz Faule blieb auch da und verschlief den Sonntag vor der Hütte in der lautlosen Stille des Holzschlages, von nichts besucht, als von dem raschelnden Grase und von der stummen Hitze des Tages.

Der größere Teil der Arbeiter ging gegen Pernek und Pichlern hinaus. Sie mußten anfangs durch den Thußwald, dann über die Thußecke, dann über einen Berg, die rauhe Hochstraß geheißen, dann durch Auen, und dann führte der Weg in das Tal, durch das man gegen Pernek kommen konnte. Man plauderte gerne auf diesem Gange, man klapperte mit den eisernen Keilen, man jauchzte, oder sang, man schlug sich Feuer und rauchte. Vom Holzschlage weg gingen alle miteinander, die diese Richtung hatten, aber je weiter der Weg führte, desto wenigere wurden sie immer; denn bald nahm der eine Abschied und ging seitwärts, bald der andere, so wie ihr Weg in ihre Heimat von dem allgemein eingeschlagenen Wege abführte, und nicht selten geschah es, daß, wenn die untergehende Sonne glutig am Rande der Seewand lag, und jeder emporragende Zaunpfahl, ja eine herausstehende Ähre einen langen Schattenstreifen über das Getreide warf, Hanns allein durch die Perneker Felder ging und den Weg hinab gegen Pichlern einschlug. Er ging auf dem Fahrwege hinab, er bog um die große Linde des Schwarzmüllers, zielte gegen die ferneren, dünnen Föhrenstämme und schritt auf das weiße Häuschen zu.

Wenn er dort anlangte, war meistens die Mutter, wie sie es am Abende gewohnt war, außen herum. Sie schichtete etwas an dem Holze, oder tat sonst etwas, oder betete, indem sie herumging und häufig zur Ziege redete, die sie nicht eher in den Stall tat, als bis sie selber in die Stube ging. Im Innern saß Hanna in einem reinen, schimmernden Gewande. Sie hatte vorher jedes Stäubchen von dem Tische, der Bank, dem Stuhle und dem Fußboden gefegt;

denn auch das gehörte mit zu ihren Eigentümlichkeiten, daß sie außerordentlich reinlich war. Sie wollte nicht mit der Hand und nicht mit dem Gewande an Staub rühren. „Die wird Gott strafen, daß sie so stolz ist", sagten oft die Leute, „und ihn dazu, daß er so verblendet ist und ihr alles anhängt."

Hanns ging hinein, Hanna sprang auf und grüßte ihn. Er blieb bis spät abends, sie plauderten, koseten, aßen; die Mutter war bei ihnen, sprach mit, aß, oder nickte schlummernd ein wenig mit dem Kopfe, wie es eben kam.

Erst im Sternenscheine ging Hanns fort und begab sich zu den Leuten, wo seine Schwester war, und wo er eine Lagerstätte hatte; denn sein Vater und seine Mutter waren längstens gestorben.

Im Herbste, da die Blätter sich mit schönen Farben zu mischen begannen, und Hannsens Schlag noch brennender, feuriger und seltsamer war, erhob sich die Sage, daß in der Gegend von Oberplan ein großes Jagen sein werde, daß der Fürst und Grundherr kommen werde, und daß ihn eine Menge Herren und Frauen begleiten würden. Die Diener hatten das Gerücht ausgebreitet, aber man wußte nicht, ob ihm die Herren eine Folge geben würden oder nicht. So erhielt sich die Sache lange. Endlich aber erschienen wirklich einige Abgeordnete in Oberplan, welche die Voranstalten zu dem Feste machen sollten.

Von nun an hatte das Gerücht freien Spielraum, und es ging durch die ganze Gegend.

Im Stegwald, hieß es, werde ein Netzjagen sein, in welchem man Gespinste aus Seilen aufspannen und das Wild darinnen einfangen werde. Im oberen Walde, im Langwalde und an der Flaniz sollen

Treibjagen sein, wie man seit Menschengedenken nicht gehört hätte, und sie sollten sich über tagelange Wälder ausbreiten. Außer dem Jagen sollen auch andere Feste angeordnet sein. Auf den Oberplaner Wiesen, den nämlichen, von denen wir am Eingange unserer Geschichte gesagt haben, daß die Moldau in großen Schlangenwindungen durch sie geht, soll ein Essen sein, an dem mehrere hundert Personen würden teilnehmen können. Wer nur wolle, dürfe zuschauen, und auf Schrägen würden Weinfässer aufgestellt sein, von denen jedem, der mit einem Geschirr hinzuginge, herabgelassen würde. Die Diener würden bei der Tafel aufwarten, und die angesehensten Männer der Gegend würden eingeladen sein. Außer dem Essen aber soll noch ein Tanzboden errichtet sein, auf welchem man durch unzählige Blumengewinde Tänze aufführen würde. Dieses und noch viel anderes, das man noch gar nicht wisse, solle geschehen. In der Gegend sollen schon tausend Taglöhner zu Handlangern, Arbeitern und Treibern gedungen worden sein. Alles werde durch eine feierliche Messe in dem Gnadenkirchlein zum guten Wasser eingeleitet werden.

Endlich, als auf den Feldern nur mehr das braun gedörrte Kraut der Kartoffeln und die blau betauten Häupter des Weißkohles standen, wurde der Tag bekanntgemacht, an welchem die Jagdgesellschaft eintreffen würde. Man rüstete sich zu dem Empfange, und alles war gespannt.

Am Tage vorher trafen Diener, Pferde und Troß ein.

Als am andern Morgen die Sonne aufgegangen war, und ein recht heiterer, funkelnder Herbsthimmel über der Gegend stand, war schon alles in Bereitschaft. Um zehn Uhr, als auf dem Turme das Zeichen gegeben wurde, daß sie kommen, sah man es auf der Straße von Honetschlag her durch den Staub von Pferden und Wagen blitzen, und als eine Viertelstunde vergangen war, fuhren sie bei der oberen Gasse herein. Sie fuhren dann über das Steinbrückchen des heiligen Johannes und hielten auf der Gasse vor dem Pfarrhofe und der Schule an, wo der Pfarrer, dann der Schulmeister mit weiß gekleideten Mädchen und geputzten Buben und die Obrigkeiten standen. Es war eine ganze Reihe von Wägen. Männern und Frauen saßen darinnen. Die Frauen waren nicht geschmückt, sie waren kaum geputzt. Sie hatten nicht einmal Reifröcke an, sondern nur ein schlichtes, einfach hinabfallendes Jägerkleid. An den Männern war auch nicht zu erkennen, ob sie in Feierkleidern seien oder nicht; sie hatten sämtlich Mäntel um; denn es war kühl, und am Morgen war ein schneeweißer Reif über alle Wiesen gewesen. Sie hatten alle ungepuderte Haare, weil sie nicht im Amte, oder in einer festlichen Gesellschaft, sondern nur auf einer Reise begriffen waren. Nur zwei alte Männer hatten schön gelockte Perücken mit blütenweißem Staube darauf. Im ersten Wagen saß der Grundherr, seine Frau und sein Sohn. Die Buben hatten ein klingendes Lebehoch gerufen, und die Forstmeister, Revierjäger, Heger und Holzmeister des Herrn standen in Ordnung da. Die Mädchen warfen grüne Zweige unter die Räder des Wagens. Der Pfarrer trat hervor und grüßte den Herrn in einer Rede. Desgleichen taten die Richter und Geschwornen. Als der Herr allen gedankt hatte, als er mit dem Förster von Vorderstift, in dessen Reviere der erste

Jagdplatz lag, gesprochen hatte, als er sich besonders freundlich gegen den Schulmeister und die weißen Mädchen verneigt hatte, und der gelüftete Hut wieder auf seinem Haupte saß, fuhren sie weiter. Man fuhr zu dem Rathause, in welchem dem Grundherrn für die Dauer der Feste eine Wohnung war zubereitet worden. Er stieg aus und ging mit den Seinigen in seine Zimmer. Alle Mitgekommenen stiegen ebenfalls aus ihren Wägen, um sich in ihre bereit gehaltenen Wohnungen zu verfügen und sich zu den Festen vorzubereiten. Für die Diener und Pferde waren an einer Straße, die der Minnergraben hieß, und auf der Weide des oberen Anspaches bretterne Hütten aufgeschlagen worden, aus denen am ganzen Tage und einen Teil der Nacht hindurch Zechen und Jubeln vernommen wurde.

Am Tage, der nun folgte, sollte das große Netzjagen sein. Die Bewohner der Gegend waren äußerst begierig darauf.

Die Schützen und die Zuschauer mischten sich auf ihren Bühnen, und da das Vergnügen allgemein gewesen war, so redeten jetzt auch alle miteinander. Da wollte es der Zufall, daß Hanna, die Tochter des armen Weibes, die auch herbeigekommen war, dem Feste zuzuschauen, neben einen außerordentlich schönen jungen Mann von vornehmen Stande zu stehen kam. Dieser Mann war schon früher aufgefallen. Er war, der allgemeinen Sitte zuwider, der einzige, der keine weiß bestäubten Haare trug, sondern seine eigenen Locken, die von wunderschönem Gelb waren, bis auf die Schultern und auf den Rockkragen niederfallen ließ. Er hatte sehr gut geschossen, hatte immer auf die unsichersten Punkte gezielt und immer getroffen. Er war so schön, daß er, wie die Landleute sagen, wie Milch und Blut aussah, seine Augen waren groß und sanft, und er war schier prächtiger gekleidet, als alle andern.

Da Hanna so neben ihm stand, erblickte sie ein Mann aus dem Volke, der sich unten in dem Netzraume befand, zeigte mit dem Finger hinauf und rief: „Das ist das schönste Paar!"

Das Volk, welches ohnehin schon in eine höhere Stimmung gekommen war, welches an der Jagd den lebhaftesten Anteil genommen, mit den Fingern nach dieser und nach jener Stelle gezeigt und freudig gejubelt hatte, wenn sich etwas Merkwürdiges zugetragen hatte, war zu dem Ungewöhnlichsten aufgelegt. Kaum hatte es also die Worte des Mannes vernommen, so rief es gleichsam mit einer Stimme und laut: „Das ist das schönste Paar, das ist das schönste Paar!"

Der junge Mann wandte sich in seiner Verwirrung gegen Hanna und sah sie an. Da wurde sein Angesicht so scharlachrot, wie die Bänder, an denen er seinen Hirschfänger hängen hatte.

Hanna wandte sich ebenfalls nach dem Rufe gegen ihren Nachbar, und da sie den ausgezeichneten Mann gesehen hatte, wurde ihr Antlitz gleichsam mit dem dunkelsten Blute übergossen. Sie sah ihn eine Weile mit offenen Augen an, dann drängte sie sich unter das Volk und ging über die Treppe hinab. Ihr Benehmen war, wie das einer Trunkenen.

Das zufällige Nebeneinanderstehen Hannas und des schönen jungen Herrn war nicht ohne weitere Folgen geblieben. Er hatte ausgeforscht, wer das Mädchen wäre, und wo es wohne. Er war nach Pichlern zu dem weißen Häuschen gegangen und hatte mit Hanna und der Mutter geredet. Er war öfter hinübergegangen und hatte öfter mit Hanna geredet. Auch in Oberplan hatte er sie gesehen, wenn sie Neugierde halber hinüberkam, er hatte sie begleitet, und einmal hatte man ihn gar vor ihr im hohen Erlengebüsche auf den Knieen liegen gesehen, ihre Hand mit inbrünstigem Bitten haltend und mit den wunderschönen Augen zu ihr hinaufblickend. Weil die andern Herrn, welche zur Besichtigung mancher Werke der Gegend fortgeritten waren, viele Tage ausblieben, konnte die Sache in den Gang kommen, und Hanna auch von Empfindungen ergriffen werden. Die beiden gingen miteinander im Kosen durch die Fluren, sie gingen an dem Wacholder und den grauen Steinen vorbei, sie gingen an der niederen Mauer, die als Feldeinfassung von dem weißen Häuschen durch die Talniederung gegen das Gemurmel des Baches hinanlief, sie gingen an den blutroten Blättern des Kirschengeheges, oder saßen auf den geraden und senkrechten Pfeilern des Felsens der Milchbäuerin. Er ging an dem hellen, lichten Tage in das weiße Häuschen hinüber, oder er sendete sehr prächtig gekleidete Diener mit Botschaften an Hanna dahin. Man erstaunte über diese Dinge, und die alte Mutter war wie blödsinnig und machte Knickse, wenn der schöne Herr oder seine Diener in das Häuschen traten.

Endlich bemächtigte sich der Ruf dieser Sache und trug seine Gerüchte in der Gegend herum. Guido, wie die mitgekommenen Freunde den jungen Mann immer nannten, werde Hanna heiraten, sie werde zu einem erstaunlich hohen Stande erhoben werden, die Gegend, in welche man nur zu jagen gekommen sei, werde ein ganz anderes Fest, ein unglaubliches Fest und ein unvergeßlicheres

Fest zu sehen bekommen, als die anfänglich bestellten Jagdfeste. Es sei schon alles gewiß, und dem weißen Häuschen stehe eine Freude bevor, die man sich gar nicht vorstellen könne. Es seien jetzt nur erst die Edelsteine, die goldgewirkten Kleider und die spinnengewebefeine Wäsche unter Weges, und wenn diese angekommen wären, dann werde alles öffentlich bekanntgemacht werden, und kein Zweifel mehr sein.

Hanns wußte von dem allen nichts. Der Grundherr wollte nämlich auch alle seine Holzschläge besuchen und hatte deshalb den Befehl ergehen lassen, daß kein Arbeiter seinen Platz verlassen dürfe, bis er nicht dort gewesen und den Fortgang des Geschäftes gesehen hätte. Dies war die Ursache, daß Hanns nicht nur das Jagdfest nicht hatte besehen können, sondern daß er auch trotz des Sonntages, der in diese Zeit fiel, nicht in die Gegend hinausgekommen war.

Endlich aber war der Grundherr mit den Herren, die ihn begleitet hatten, überall, wo er zu tun hatte, und also auch in Hannsens Holzschlage gewesen. Die Folge hiervon war, daß er nicht nur selber nach Oberplan zurückkehrte, sondern auch seinen Arbeitern in Betracht seiner Zufriedenheit mit ihnen und in Betracht der außerordentlichen Zeit erlaubte, mehrere Tage zu feiern und hinauszugehen und die Feste anzuschauen. Hanns ging von seinem Walde nach Pichlern.

Als er dort angekommen war, ging er zu dem weißen Häuschen; aber er fand es verschlossen. Auf sein Befragen erfuhr er nun alles.

Hanns ging nun in die grauen Steine. Er setzte sich dort auf einen derselben nieder und hielt den

Kopf fest in beiden Händen, gleichsam, als warte er.

Hanns wendete sich um und ging nach Pichlern. Er hatte dort bei seiner Schwester einen Schrein, in welchem er seine Arbeitsgeräte, die er eben nicht auf dem Holzplatze brauchte, aufbewahrt. Er öffnete die Tür des Schreines und sah auf die Dinge, die da in angebrachten Querhölzern in Einschnitten steckten. Er nahm zuerst einen Bohrer heraus und steckte ihn wieder hin, dann nahm er ein Sägeblatt, besah es und steckte es wieder in die Rinne. Dann nahm er eine Axt, wie er sie gerne anwendete, wenn er keilförmige Einschnitte in die Bäume auszuschrotten hatte. Diese Äxte haben gerne einen langen Stiel, sie selber sind schmal und von scharfer Schneide. Diese Axt nahm er heraus und tat die Tür des Schreines wieder zu. Dann ging er in die Schwarzmühle, wo sie hinter dem Gebäude der Brettersäge unter einem Überdache einen Schleifstein haben, den man mittelst eines Wässerleins, das man auf sein Rad leitete, in Bewegung setzen konnte. Hanns rückte das Brett, das das Wasser dämmte, setzte den Stein in Bewegung und schliff seine Axt. Als er damit fertig war, lenkte er das Wasser wieder ab, stillte den Stein, nahm die Axt auf seine Schulter, wie er sie gerne hatte, wenn er sich nach dem Thußwalde begab, und ging davon. Er ging hinter dem Dorfe durch die Gärten des Weißkohles gegen den Brunnberg zu.

Das Töchterlein eines armen Weibes, das man die Sittibwitwe nannte, sah ihn dort gehen und sagte: „Mutter, da geht Hanns."

„Laß ihn gehen", sagte diese, „das ist eine sehr unglückselige Geschichte."

Hanns stieg über die sehr niedere Mauer, die um

die Kohlgärten aus losen Steinen gelegt war, und ging durch die verkrüppelten Erlenstauden und durch die Wacholdergebüsche empor, durch welche Hanna in der Dämmerung herniedergegangen war. Er ging an der Milchbäuerin vorüber und begab sich zu den zwei Brunnenhäuschen. Dort lehnte er die Axt an den Stamm der Linde, kniete vor der Tür des einen Häuschens nieder, nahm den Stiel des Schöpfers, schöpfte sich Wasser heraus und trank einen Teil davon. Mit dem Reste venetzte er sich die Stirne, benetzte sich die Augenbrauen, die Augenlider und dann die Augen selber. Er ließ eine geraume Zeit das Naß auf diesen Teilen des Körpers liegen, dann zog er ein Taschentuch hervor und trocknete sich ab. Als dies geschehen war, schüttete er das Wasser, das noch in dem kleinen Schöpfkübel war, aus und schöpfte sich neues. Von diesem tat er noch einmal einen Trunk und schüttete den Rest in den Brunnen zurück. Hierauf legte er den Schöpfkübel in seine gewöhnliche schwimmende Lage auf das Wasser und erhob sich von den Knien. Er nahm wieder die Axt und schlug den Weg zwischen den Baumreihen zu dem Kirchlein zum guten Wasser ein.

Als er bei dem Kirchlein angekommen war, dessen Tür offenstand, blieb er auf dem Grabsteine, der vor der Türe liegt, stehen und tat seinen Hut ab. Dann ging er hinein, den Hut in der einen seiner Hände haltend. Mit der andern nahm er die Axt, die er trug, von der Schulter und lehnte sie neben dem Becken, das das Weihwasser enthielt, in eine Mauerecke. Hierauf ging er bis zu dem Hochaltare hinvor. In dem Kirchlein war niemand, als zwei sehr alte Mütterlein, die vielleicht die einzigen waren, welche von dem Verhältnisse zwischen Hanns und Hanna nichts wußten. Hanns kniete an den Stufen des Hochaltars, auf welchem sich die schmerzhafte Jungfrau Maria befand, nieder. Er legte den Hut neben sich, faltete die Hände und betete. Er betete sehr lange.

Von der Kirche ging er zu dem Kreuze empor. An demselben legte er wieder den Hut und die Axt ab, kniete auf den flachen Stein, der vor dem Holze lag, er kniete so nahe, daß seine Brust fast dicht an dem roten Stamme war, und betete da wieder. Nachdem er gebetet hatte, nahm er abermals Hut und Axt.

Gegen den Gipfel des Kreuzberges sehen dunkle Waldhäupter herein. Man sieht sie, wenn man den fernen blauen Alpen, die im Süden sind, den Rücken zuwendet. Die Waldhäupter sind durch ein Tal von dem Kreuzberge geschieden, führen den Namen des oberen Waldes und leiten quer über ein Tal in den Langwald. Hanns, nachdem er von dem Beten aufgestanden war, wendete gar nicht den Rücken, der gegen Oberplan und seine Bewohner gerichtet war, sondern sah gegen die Waldhäupter. Er ging in der Richtung gegen sie über den Berg hinab. Im Tale unten beginnen dünn stehende Föhrenstämme, die den Namen der Schieder führen. Hanns ging zwischen den Stämmen und auf dem sumpfigen Boden, der sich unter ihnen befindet, dahin. Er ging durch die Wiesen, die jenseits der Schieder sind, und klomm endlich die Höhen des oberen Waldes hinan, der dichten, verworrenen Baumwuchs und in ihm das eigentümliche Gedämmer schwerer Wälder hat. Er klomm zwischen den Stämmen immer weiter und weiter hinan. Die Kuppe des oberen Waldes ist ein von Bäumen entblößter Fels, von dem man aus das böhmische Waldland, wie ein graues Gewebe, liegen und seine Teiche darin, wie Lichtblicke, glänzen sieht. Als Hanns diese Kuppe erreicht hatte, blieb er eine Weile stehen und betrachtete das Land, vielleicht die höchste menschliche Gestalt, die man heute in den Lüften hätte erblicken können. Er blieb eine gute Weile stehen und sah hinaus. Die Sonne war nur mehr einen kleinen Bogen von dem Rande der Westwälder entfernt. Dann ging er wieder weiter.

Er ging jetzt durch dichten, dunkelnden Wald. Er ging an starken Stämmen vorüber, die die rauhe Rinde hatten, und von deren verdorrten Ästen die grünen Bärte des Mooses herunterhingen. Er ging an großen Steinen vorüber, die mit einer weichen Hülle bedeckt waren, auf der zarte Fäden und feuchte Blättchen wuchsen. Er ging auf dem modrigen Boden, der die tausendjährigen Abfälle der Bäume enthielt und dem Tritte keinen Widerstand leistete. Er ging auf keinem Wege, weil er die Gestalt und Richtungen des Waldes auch ohne Wege sehr gut kannte.

Endlich war er an seinem Ziele. Ein sehr hoher Baum stand unter den andern ebenfalls hohen und alten Bäumen des Waldes. Hanns lehnte die Axt an den Stamm und sah den Baum an. In seiner Rinde waren die Zeichen der Liebe eingegraben: ein Herz mit Flammen, die durch auseinander gehende Striche angedeutet waren, ein Ring, der zwei Namen umfaßte, ein Kreuz, das aus Keilen emporragte, der Name Marias, der aus verschlungenen Buchstaben zusammengesetzt war, dann andere Namen, in zwei Buchstaben bestehend, oft verziert mit einem Kränzlein oder dergleichen, oft ohne Verzierung, zuweilen frisch, so wie die Besitzer noch in Jugend unter den Lebenden wandeln, zuweilen vernarbt und unkenntlich, so wie die Liebenden schon durch Alter eingebückt, oder im Grabe bereits zerfallen sind. Der Baum stand sehr hoch in die Abendluft empor und zeichnete seine Zacken, weil er eine Tanne war, in dieselbe. Die waagrechten Äste ruhten, wie die ausgebreiteten Fittige eines Vogels, in der Luft, an dem Fuße des Stammes lagen einige Steine, als wären sie zum Sitzen und Ausruhen hergelegt worden. Auch ging ein schwaches Waldweglein an dem Baume vorbei, auf dem aber Hanns nicht gekommen war.

Nachdem Hanns den Baum so betrachtet hatte, nachdem er eine Weile so gestanden war, knöpfte er sich den Rock bis ans Kinn zu und setzte sich auf die Steine, die an dem Fuße des Stammes lagen. Es war der Abend schon sehr stark hereingebrochen, und Hanns sah mit seinen Augen in das Dunkel und in die Dämmerung. Die Baumgitter, die emporwachsenden, waren nicht mehr zu unterscheiden, nur daß ein feuchter Punkt, oder ein schwaches Wässerlein noch zeitweilig blitzte. Aber endlich hörte auch dieses auf, und es war nur eine einzige Finsternis, in der alles still war.

Hanns saß mit dem Rücken an dem Stamme und schlummerte.

Da kam in der Nacht eine seltsame Erscheinung. Um den Baum wurde es immer lichter und lichter, so daß seine Zacken deutlich in der Helle standen und erkennbar waren. Der Baum war so hoch, daß er bis in den Himmel reichte, und bis in den Himmel reichte die Helle um seine Zacken. In den Zweigen hoch im Himmel stand das Bildnis der heiligen

Jungfrau, wie es im Kirchlein zum guten Wasser ist, und doch war sein Antlitz und seine Züge recht deutlich zu erkennen. Auf dem Haupte war die Krone, aus der Brust standen die sieben Schwerter, und in dem Schoße ruhte der gekreuzigte Sohn. Das Bild hatte den Blumenstrauß in der Hand, von dem die Bänder niedergehen, es hatte das starre seidene Kleid an mit den Flimmern, mit den gestickten Blumen und den gewundenen Stängeln. Das Antlitz aber sah strenge, unerbittlich strenge auf Hanns hernieder. Es sah unverwandt und ernst auf ihn nieder.

Da ermannte sich Hanns, er erwachte, er wandte das Haupt aufwärts und sah in den Baum. Der Baum war wieder so klein geworden, wie sonst, die heilige Jungfrau stand nicht mehr in den Zweigen, aber ein großes Stück Mond, das, indessen Hanns geschlafen hatte, aufgegangen und über den Wald herübergerückt war, stand fast gerade über dem Baum, daß seine Zweige glänzten, daß zwischen ihnen lange Lichtstreifen, wie silberne Bänder, auf Hanns niedergingen, und daß die Dinge des Waldes in einem zweifelhaften, aber doch erkennbaren Licht dastanden. Hanns erhob sich von seinem Sitze, trat ein wenig seitwärts und sah wieder auf den Baum. Aber es war immer das nämliche. Da fuhr Hanns mit der Hand über sein Angesicht und sagte die Worte: „Es muß etwas Verworrenes gewesen sein, um das ich gebeten habe."

Dann nahm er den Rock etwas enger zusammen und drückte die Oberarme gegen den Leib; denn es war ihm im Schlafe sehr kalt geworden. Dann ging er wieder gegen den Baumstamm und griff mit den Händen in der Gegend, wo er die Axt hingelehnt hatte. Als er sie gefunden hatte, nahm er sie in die Hand, trat weg und sah wieder auf den Baum. Dann sah er noch einmal hinauf, schulterte dann seine Axt und ging von der Stelle fort.

Er ging in anderer Richtung, als er gekommen war, er ging zwischen den Stämmen und an den hie und da von dem Monde beleuchteten Gesträuchen dahin.

Als der Morgen anbrach, an dem die Treibjagd im Langwalde sein sollte, war er schon weit von demselben entfernt. Er ging auf den baumentblößten Höhen dahin, die nicht weit von dem Markte Wallern sich hinziehen.

Der Mann schien ganz gebrochen zu sein. In einer Hütte, die eine halbe Stunde Weges von Wallern liegt, bat er um eine Suppe. Als man ihm dieselbe aus Milch und Mehl gemacht hatte, und als er dieselbe getrunken hatte, begab er sich wieder auf den Weg. Er lenkte von der bisherigen Richtung ab und schlug die nach dem Thußwalde ein.

Als er in seinem Holzschlage angekommen war, legte er sich unter der Bretterhütte in das Heu und in die getrockneten Kräuter des Waldes, die dort zur Lagerstelle waren. Dort blieb er immer liegen, solange die Festlichkeiten in Oberplan dauerten, und solange die anderen Holzknechte, welche freie Zeit hatten, zur Beschauung derselben sich draußen befanden. Nur ein paar alte Weiber waren wegen Beschwerlichkeiten des langen Weges zurückgeblieben, sie unterhielten das Feuer vor der Hütte, kochten sich und gaben auch Hanns zu essen.

Indessen geschah das Außerordentliche, was manche geahnt, manche vorausgesagt, und doch wenige eigentlich geglaubt hatten. Hanna wurde öffentlich als Guidos Braut erklärt. Sie sollte mit ihm samt ihrer Mutter auf seine Besitzungen geführt und dort getraut werden. Von dem Augenblicke der Erklärung an stand immer ein schöner, leichter Wagen vor dem weißen Häuschen, den sie beliebig gebrauchen konnte. Kleider und Schmuck waren auch angekommen. Die Bewohner von Pichlern sahen sie in einem schönen Gewande, um den Hals hatte sie ein glänzendes, kostbares Ding und um den schönen Arm einen goldenen Ring.

Jetzt kam auch die Nacht des Tanzfestes, des letzten Festes, das gefeiert werden sollte. Die Holzgebäude mit allen ihren Ausschmückungen waren fertig geworden. Unermeßliche Zuschauermengen strömten von allen Gegenden zusammen und drängten sich in dem Raume außerhalb der Säulen. So viele Lichter waren angezündet worden, daß man meinte, der ganze innere Bau lodere im Feuer. So viele kunstreich gemachte Blumen waren verschwendet worden, daß man meinte, so viele natürliche könnten in zwei Jahren nicht in Oberplan wachsen. Die Herren und Frauen waren so schön, so außerordentlich schön, daß alles, was man bisher gesehen hatte, nur ein Spielwerk und ein kindisches Ding dagegen war. Sie führten angenehme Tänze auf, Menuette und andere. Das feinste Backwerk und süße Weine wurden an die Frauen verteilt. Das Höchste waren Spiele und Masken. Es waren Schäfer und Schäferinnen, Bauern und Bäuerinnen, Jäger, Bergleute, Zauberinnen, dann Götter und Göttinnen, insbesondere Venus und Adonis zugegen. Hanna nahm schon an dem Feste in dem kostbaren Gewande der vornehmen Frauen Anteil. Erst gegen Morgen entfernten sich die Gäste, erloschen die

Lichter, und begaben sich die mit Verwunderung überladenen Zuschauer auf den Heimweg.

Der Tag war der Ruhe gewidmet. Der nächste war zur Abfahrt bestimmt.

Als dieser Tag angebrochen war, geschah der Abzug aller Herren und Frauen zu Wagen und zu Pferd mit Dienerschaft und Troß, wie es der Jagdmarschall vorher bestimmt hatte. Hanna und ihre Mutter, die bereits Dienerinnen hatten, waren in dem Zuge.

In Oberplan und in der Umgegend war es nun leer und stille. Das Gebäude auf den Wiesen wurde abgetragen, das Gerüste im Stegwalde wurde abgebrochen, und bald war das Ganze in der Erinnerung der Menschen wie ein Traum.

Nach einiger Zeit kam die amtliche Kunde von der Vermählung Hannas und Guidos. Die Leute sagten, daß sie in einem sehr schönen Schlosse wohne, und daß auch die Mutter in demselben sitze, aber traurig sei. –

Jahre nach Jahren waren vergangen. Hanns blieb immer im Holzschlage. Als seine Schwester, die geheiratet hatte, kurz nach ihrem Manne gestorben war, nahm er die drei hinterlassenen Kinder zu sich und ernährte sie.

Als nach vielen Jahren Hanna wieder einmal in die Gegend kam, begegnete sie Hanns. Sie fuhr eben auf dem Wege zwischen Pichlern und Pernek. Sie hatte eine dunkle samtne Überhülle um ihren Körper und war in dem Wagen zurückgelehnt. Ihr Angesicht war fein und bleich, die Augen standen ruhig unter der Stirne, die Lippen waren ebenfalls schier bleich, und der Leib war runder und voller geworden. Hanns, dessen Angesicht Furchen hatte, stand auf dem Wege. Er hatte sich an ein mit Leinwand überspanntes Wägelchen gespannt, in dem er die drei Kinder eben in seinen Holzschlag führte. Hanna, die ihn nicht kannte, wollte dem armen Manne eine Wohltat erweisen und warf einen Taler aus ihrem Wagen auf die Erde. Hanns aber hatte sie gar wohl erkannt.

Er ließ später den Taler in eine Fassung geben und hing ihn in dem Kirchlein zum guten Wasser auf, wie man silberne, oder wächserne Füße und Hände in solchen Kirchen aufzuhängen pflegt.

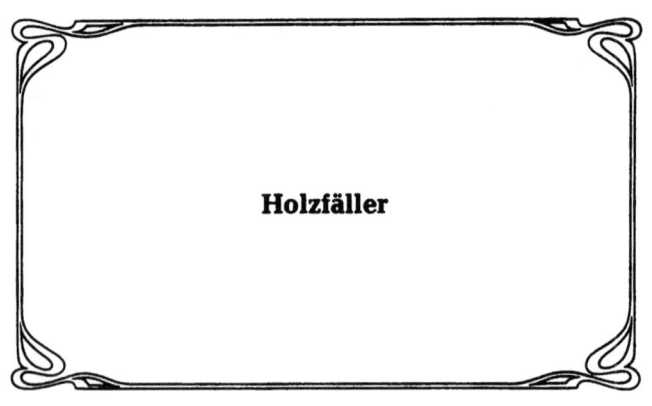

Holzfäller

In den Wäldern, die zum Himmel brausen,
Wenn der Märzsturm um die Berge weht,
Unterm Wipfeldach der Bäume draußen,
Über denen sich der Sternkreis dreht,
Sind wir seßhaft, schaffen wir und hausen,
Bis die Werkelwoche stille steht.

Unsre Eltern, Kinder, unsre Weiber
Bieten uns nur Sonntags kurze Rast.
Bauern, Häusler und Gemeindeschreiber
Kennen uns im Dorfe nur als Gast,
Denn wir betten unsre müden Leiber
Nachts im Moos nach unsres Tagwerks Last.

Wenn am Montag mit verschlafnen Stimmen
Turmgeläut das Dorf zum Frühmahl weckt,
Sind wir schon am Berghang und erklimmen
Unsre Gipfel, die der Wald bedeckt,
Wo sich noch der Samstagbrand mit Klimmen
Unter weißer Aschenschicht versteckt.

In der rauchgebeizten Rindenhütte
Rasten wir ein wenig auf der Bank,
Ziehn das Werkzeug aus der Laubstreuschhütte,
Prüfen an den Sägen Schliff und Schrank,
Spähen, ob kein Rost den Stahl zerrütte,
Ob der Axtschaft fest, die Schneide blank.

Wie die Stämme, die wir haun und schneiden,
Wie des Staudenwerkes Vielgestalt,
Wie die Kräuter, die uns Saft bereiten,
Wenn die Nacht sich überm Berge ballt,
Unbedürftig, zähe und bescheiden
Wurzeln wir in unserm Heimatwald.

Johannes Linke

Der Holzfäller-Doktor

Wenn ein (bayerischer) Holzknecht ins Märchen gerät, dann kommt ihm die Geschichte doch recht seltsam vor. Das kann man verstehen. Zumal er sich mir nichts dir nichts als vermeintlicher Doktor in den Diensten eines Sultans sieht und sich seines Auftrags nur entledigen kann, indem er zu seinem angestammten Werkzeug greift. Nicht um Holz für einen neuen Palast herbeizuschaffen, nein. Licht, Luft und Sonne sind es, denen er mit seiner Axt endlich Zutritt verschafft und damit neues Leben zu wecken imstande ist. Wie das in seinem heimatlichen Bergwald ja auch der Fall ist. Und damit findet eine der „Seltsamen Geschichten" des tschechischen Schriftstellers Carl Čapek (1890 – 1938) – nämlich die vom großen Doktor – wieder in die Wirklichkeit zurück.

*

Im solimanischen Sultanreich herrschte, wie schon der Name sagt, der Sultan Soliman. Dieser Sultan hatte eine einzige Tochter namens Zubeida; und diese Prinzessin Zubeida begann eines Tages mir nichts dir nichts zu marodieren und zu kränkeln, zu hüsteln und dahinzusiechen, welkte, magerte ab, wurde bleich und traurig und seufzte derart, daß einem das Herz weh tat, wenn man sie ansah. Natürlich berief der Sultan schnell seine Hofhexer, Beschwörer, Zauberer, weisen Frauen, Magier und Astrologen, Quacksalber und Barbiere, Feldschere und Kurschmiede zu ihr, aber keiner von ihnen konnte die Prinzessin gesund machen. Wenn das bei uns wäre, würde ich sagen, das Mädel sei anämisch, leide an einer Pleuritis und einem Bronchialkatarrh; aber im solimanischen Reich ist man doch nicht so gebildet, und die Medizin ist dort noch nicht so weit entwickelt, als daß dort Krankheiten mit lateinischen Namen vorkommen könnten. Es läßt sich denken, wie verzweifelt der Sultan war. „Du mein lieber Monte Christo", sagte er, „wie hab' ich mich gefreut, daß das Mädel einmal das blühende Sultangewerbe nach mir übernehmen wird, und inzwischen geht die Arme vor meinen Augen ein und siecht hin, ohne daß ich ihr helfen könnte." — Und so verfiel der Hof und das ganze solimanische Reich in tiefe Trauer.

Zu jener Zeit kam ein Geschäftsreisender aus Gablonz, ein gewisser Herr Lustig, dorthin; als er von der kranken Prinzessin hörte, meinte er: „Der Herr Sultan sollte einmal einen Doktor von uns, nämlich aus Europa, zu ihr berufen, denn bei uns ist die Medizin doch viel fortgeschrittener; ihr habt hier nur

Beschwörer, Kräuterweiber und Hexer, aber bei uns, mein Lieber, gibt es wirkliche und studierte Doktoren."

Als dies dem Sultan zu Ohren kam, berief er jenen Herrn Lustig zu sich, kaufte ihm eine Kette Glasperlen für die Prinzessin Zubeida ab und fragte ihn dann: „Herr Lustig, woran erkennt man bei euch einen wirklichen und studierten Doktor?"

„Das ist ganz einfach", erwiderte Herr Lustig, „man erkennt ihn daran, daß er vor seinem Namen ein 'Dr.' hat. Zum Beispiel Dr. Mann, Dr. Pelnar und ähnlich. Wenn er aber kein Dr. hat, dann ist er kein studierter Doktor, verstanden?" „Aha", sagte der Sultan und beschenkte Herrn Lustig reichlich mit Sultaninen; das sind so schrecklich gute Rosinen, müßt ihr wissen. Und dann entsandte er Boten nach Europa, um einen Doktor zu suchen. „Aber das eine merkt euch", trichterte er ihnen beim Abschied ein, „daß nur der ein wirklicher und ausgelernter Doktor ist, der mit den Buchstaben Dr. beginnt. Einen andern bringt mir nicht mit, sonst schneide ich euch die Ohren samt dem Kopf ab. Also marsch!"

Wenn ich erzählen sollte, was die Boten auf ihrer langen Reise nach Europa alles erlebt und erduldet haben, wäre es, Herr Magius, ein zu langes Märchen. Also nach vielen, vielen Anstrengungen gelangten die Boten doch endlich nach Europa und begannen, einen Doktor für die Prinzessin Zubeida zu suchen.

Und so begab sich die Schar der solimanischen Boten, dieser Teufelsmamelucken mit Turbanen auf den Köpfen und Schnurrbärten, so lang und dick wie Pferdeschweife unter der Nase, auf den Weg durch den schwarzen Wald. Sie gingen und gingen, bis sie einen biederen Mann mit einer Säge und einer Axt auf der Schulter trafen.

„Gott geb' euch Gesundheit", grüßte sie der gute Mann. „Geb's Gott", antworteten die Boten. „Was seid Ihr denn, guter Mann?" „Dank der Nachfrage", erwiderte der Mann. „Ich bin ein ausgelernter stellungsloser Drechsler und arbeite halt jetzt als Holzfäller."

Die Heiden spitzten die Ohren und sagten: „Das ist etwas anderes, Euer Gnaden. Wenn Sie der Dr. Echsler sind, müssen wir Sie bitten, daß Sie stante pede schwuppdiwupp mit uns nach Solimanien kommen. Der Herr Sultan Soliman läßt sich bestens empfehlen und ladet Sie höflich an seinen Hof ein; falls Sie sich jedoch sträuben oder gar wehren, werden wir Sie mit Gewalt hinbringen, und das sollten Sie sich, Euer Wohlgeboren, lieber nicht wünschen."

„Aber, aber", wunderte sich der Holzfäller, „was will denn der Herr Sultan von mir?" „Er hat irgendeine Arbeit für Sie", sagten die Boten. „Da ginge ich schon", willigte der Holzfäller ein, „ich suche nämlich gerade Arbeit, meine Herren. Und damit ihr's wißt: Auf die Arbeit bin ich wie ein Drache." Die Boten zwinkerten einander zu und meinten: „Das würde uns, Hochverehrter, gerade passen." „Einen Augenblick", sagte der Holzfäller, „zuerst möchte ich hören, wieviel mir der Herr Sultan für meine Arbeit zahlen wird. Ich bin kein Draufgänger, aber hoffentlich ist auch der Herr Sultan kein Drückeberger." Die Boten des solimanischen Reiches entgegneten höflich: „Das macht nichts, Euer Gnaden, daß Sie nicht der Dr. Aufgänger sind, uns ist der Dr. Echsler ebenso willkommen. Und was unseren

Herrn Sultan Soliman betrifft, können Sie uns glauben, daß er kein Dr. Ückeberger ist, sondern nur ein gewöhnlicher Herrscher und Tyrann."

„Dann ist's gut", sagte der Holzfäller. „Und was das Essen anbelangt, so esse ich bei der Arbeit wie ein Drescher und trinke wie ein Dromedar, verstanden?" „Wir werden alles tun", versicherten die Solimanen, „damit Sie sich auch in dieser Hinsicht bei uns vollkommen zufrieden fühlen."

Daraufhin führten sie den Holzfäller mit viel Pomp und Ehrenbezeugungen aufs Schiff und segelten mit ihm nach dem solimanischen Reiche. Als sie ankamen, kroch der Sultan Soliman rasch auf den Thron und befahl, sie ihm vorzuführen. Die Boten knieten vor ihm nieder, und der älteste und bärtigste von ihnen begann:

„Gnädigster Herr und Gebieter, Fürst aller Gläubigen, Herr Sultan Soliman! Auf deinen erlauchten Befehl hin begaben wir uns nach der Insel, genannt Europa, um den gelehrtesten, berühmtesten und bekanntesten Doktor für die Prinzessin Zubeida zu suchen. Da hätten wir ihn, Herr Sultan. Es ist der hochverehrte, weltberühmte Arzt Dr. Echsler; damit Sie auch wissen, was das für ein Doktor ist: Auf die Arbeit stürzt er sich wie der Dr. Ache, wird bezahlt wie der Dr. Aufgänger, ißt wie der Dr. Escher und trinkt wie'n Dr. Omedar. Das sind nämlich, Herr Sultan, lauter berühmte und gelehrte Doktoren, woraus zu ersehen ist, daß wir den richtigen erwischt haben. Hm, hm! Das wäre eigentlich alles."

„Seien Sie willkommen, Dr. Echsler", sagte Sultan Soliman. „Ich möchte Sie bitten, sich meine Tochter, die Prinzessin Zubeida, anzusehen." Nun, warum sollte ich nicht, dachte sich der Holzfäller.

Der Sultan selbst führte ihn in ein halbdunkles, verhängtes Gemach, in dem die schönsten Teppiche, Polster und Kissen aufgebettet waren, auf denen die Prinzessin Zubeida, bleich wie eine Wachspuppe, lag und schlummerte.

„Oje, oje", meinte der Holzfäller mitleidvoll, „Herr Sultan, ihr Mädel ist aber schwächlich!" „Ja, das ist sie", seufzte der Sultan. „Wie halbtot", sagte der Holzfäller, „so eine Kummerliese, eine hinfällige." — „Eben, eben", nickte der Sultan traurig. „Sie will nichts essen."

„Und dünn ist sie wie eine Dachlatte, wie ein Besenstiel", urteilte der Holzfäller, „und so gar keine Farbe hat sie, Herr Sultan. Ich möchte fast sagen, das Mägdlein ist krank."

„Freilich ist sie krank", sagte der Sultan niedergeschlagen. „Darum habe ich Sie ja auch hierher berufen, damit Sie sie gesund machen, wenn Sie der Dr. Echsler sind".

„Ich?" staunte der Holzfäller. „Um Gotteswillen, wie soll ich sie denn gesund machen?" „Das ist schon Ihre Sache", entgegnete der Sultan Soliman dumpf. „Deshalb sind Sie da und damit basta, punktum! Aber das eine sage ich Ihnen, wenn Sie sie nicht kurieren, lasse ich Ihnen den Kopf abschlagen, und dann ist es Amen mit Ihnen." Aber das geht doch nicht, wollte sich der erschrockene Holzfäller wehren, nur daß ihn Herr Soliman gar nicht zu Ende reden ließ.

„Keine Ausreden", sagte er streng, „für solche Sachen habe ich keine Zeit, ich muß herrschen können. Also machen Sie sich an die Arbeit und zeigen Sie, was Sie können." Und er ging, setzte sich auf den Thron und herrschte. Verflixte Sache das, dachte sich der Holzfäller, als er allein war, da hab' ich mir was Schönes eingebrockt! Wie komme ich dazu, irgendeine Prinzessin zu kurieren? Ich weiß doch gar nicht, wie man das macht! Das ist eine schöne Bescherung! Potz Hack und Klotz, was fang' ich an? Wenn ich das Mädel nicht kuriere, schlagen sie mir den Kopf ab. Wäre es nicht im Märchen, würde ich sagen, daß es doch nicht angeht, jemandem für nichts und wieder nichts den Kopf abzuschlagen! Der Teufel muß mich geritten haben, daß ich ins Märchen geraten bin! Im gewöhnlichen Leben könnte so was gar nicht vorkommen. Meiner Seel, da bin ich selber neugierig, wie ich mich da herausziehen werde.

Von solchen und noch schwereren Gedanken geplagt, setzte sich der arme Holzfäller auf die Türschwelle des königlichen Palastes und seufzte. Himmelkreuzfagott, sagte er dann zu sich, was ist denen eigentlich eingefallen, mich hier zum Doktor zu machen? Wenn sie mir sagen würden: Fälle diesen Baum da oder den dort, da würde ich ihnen schon zeigen, was ich kann! Da würde ich zupacken, daß die Späne nur so fliegen! Aber wie ich sehe, ist's um das Gebäude da wirklich verwachsen wie in einem Urwald, da kann ja nicht einmal die Sonne ordentlich in die Stube scheinen; da müssen sich doch Nässe, Schwamm, Schimmel und Tausendfüßler im Hause halten! Wartet, ich werde euch zeigen, was ich für eine Arbeit leiste!

Und schon warf er den Rock ab, spuckte sich in die Hände, packte Axt und Säge und begann, die Bäume zu fällen, die um das Schloß des Sultans herum wuchsen, Ja, aber das waren keine Birnbäume, Apfel- oder Nußbäume wie bei uns, sondern lauter Palmen und Oleander, Kokos-, Drachen- und Samtpalmen, Feigen- und Mahagonibäume und solche, die bis in den Himmel wachsen, und anderes exotisches Gewächs. Da würdet Ihr Augen gemacht haben, Herr Magius, wie sich unser Holzfäller auf die Arbeit stürzte! Als es Mittag läutete, war um das Schloß herum schon eine ordentliche Lichtung; da trocknete sich der Holzfäller mit dem Ärmel den Schweiß ab, zog aus der Tasche ein Stück Schwarzbrot mit Quarkkäse, das er von Zuhause mitgebracht hatte, und begann zu essen.

Die Prinzessin schlief inzwischen in ihrem dunklen Gemach; bei dem Lärm, den der Holzfäller unten vor dem Schloß mit seiner Axt und seiner Säge verursachte, schlief sie besser als je zuvor. Sie erwachte erst durch die Stille, die eintrat, als der Holzfäller mit der Arbeit aufhörte, sich behäbig auf einem Holzhaufen niederließ und sein Käsebrot verzehrte.

Da öffnete die Prinzessin die Augen und staunte: Was war denn das für ein ungewöhnliches Licht? Zum erstenmal in ihrem Leben flutete die Sonne in breitem Strome herein und erfüllte den düsteren Raum mit himmlischem Glanze. Die Prinzessin war von der Lichtflut schier geblendet; zudem roch durchs Fenster das frischgehackte Holz so stark und wundervoll, daß die Prinzessin tief und mit Wonne atmete. Und noch etwas roch in dem harzigen Duft, etwas, was die Prinzessin bisher nicht kannte — was war denn das? Sie stand auf und blickte durchs Fenster: An Stelle des feuchten Schattens war eine Lichtung, von Mittagssonne überflutet, und dort saß ein ungeschlachter Kerl und aß mit gewaltigem Appetit etwas Schwarzes und etwas Weißes; und das eben war es, was der Prinzessin so angenehm zu duften schien. Ihr wißt doch, immer riecht das am verlockendsten, was ein anderer zu Mittag ißt.

Die Prinzessin konnte es nicht mehr aushalten; der Geruch zog sie hinunter vors Schloß, näher und näher zu dem essenden Kerl, um zu sehen, was er denn Gutes zum Mittagsimbiß habe. „Ah, die Prinzessin", ließ sich der Holzfäller mit vollem Maul vernehmen. „Möchtet Ihr nicht ein Stück Brot mit Quarkkäse?" Die Prinzessin wurde rot und schüttelte sich; sie schämte sich zu sagen, daß sie für ihr Leben gern mal gekostet hätte. „Na, da habt Ihr," brummte der Holzfäller und schnitt ihr mit seinem krummen Taschenmesser ein gehöriges Stück von dem Käsebrot ab. „Nehmt doch!" Die Prinzessin blickte sich verstohlen um, ob sie niemand beobachtet. „Danke schön", platzte sie heraus, biß ins Brot und sagte: „Hmm, das ist aber gut!" Ich bitt' euch, ein Käsebrot, das hat so eine Prinzessin nie im Leben gesehen. In diesem Augenblick gerade sah der Herr Sultan Soliman zum Fenster hinaus. Er traute seinen Augen kaum: Statt des feuchten Schattens eine helle Lichtung, von Mittagssonne überflutet, und dort auf dem Holzstoß sitzt die Prinzessin mit vollem Mäulchen, hat vom Käse einen Schnurrbart von einem Ohr zum andern und futtert mit einem Appetit wie noch nie.

„Gott sei Dank", seufzt der Sultan Soliman erleichtert auf, „also haben sie mir für das Mädel doch den richtigen und studierten Doktor gebracht."

Zwei Fabeln vom Holzhauer

Der Dichter La Fontaine (1621-1695) gehört zu den großen Autoren der französischen Klassik und wurde schon zu Lebzeiten als „König der Verse" gepriesen. Bekannt und berühmt gemacht haben ihn seine Fabeln, und von diesen Lehrgedichten hat er nicht weniger als 245 hinterlassen. Er benutzte diese Stilform zu einer sehr hellsichtigen und nüchternen, wenn auch versteckten Kritik an der Herrschaft König Ludwigs XIV. und liebt es auch, aus seinem Erfahrungsschatz heraus widersprüchliche menschliche Beweggründe in eine erzieherische Erzählung einzubetten. Was er damit sucht, ist – nach seinen Worten – „ein Lustspiel mit wohl hundert Akten", in dem Menschen und Tiere ebenso eine Rolle zu übernehmen haben wie der liebe Gott und das als Schauplatz „die ganze Welt" sucht. In den beiden hier wiedergegebenen Fabeln geht es um den Schauplatz Wald und „die Lehre aus der Geschichte vom Holzhauer".

Der Wald und der Holzhauer

Ein Holzhauer zerbrach oder verlor den Stiel
Seiner Axt – ein Verlust, der ihn gar schmerzlich reute;
Ihn zu ersetzen, war nicht allzu leichtes Spiel,
So daß indes der Wald sich ein'ger Schonung freute.
Demütig fleht zuletzt der Mann
Den Wald um einen Zweig nur an;
Er woll ihn brechen ganz bescheiden,
'nen andern Stiel sich draus zu schneiden.
Er woll auch anderwärts sein Brot zu suchen gehn;
Die Eichen laß er und die Tannen ruhig stehn,
Denen ja Alter und Schönheit Achtung verschaffen!
Harmlos gutmütig gab der Wald ihm neue Waffen.
Er hat es bald bereut; der Schurke braucht' in Eil
Nur das neu hergestellte Beil,
Seinen Wohltäter zu entkleiden
Des schönsten Schmuckes, den er trug.
Der Wald, ach! seufzte oft genug:
Die eigne Großmut schafft ihm Leiden.

Das ist der Lauf der Welt: man nimmt Wohltaten an
Und wendet gegen die Wohltäter selbst sie dann.
Ich sprech nicht mehr davon.
Wenn milde Schattenhallen
So roher Schmach zum Opfer fallen,
Wer klagte das nicht schwer genug?
Ach! mag zum Überdruß darob
ich schrein und schreiben,
stets werden Undank und Betrug
doch an der Tagesordnung bleiben.

Der Holzhauer und Merkur

'nem Holzhauer kam einst sein Werkzeug fort,
Die Axt; umsonst sucht er sie hier und dort,
Sein jammervolles Klagen wollt nicht enden,
Er hatte keine zweite zu verwenden!
Auf sie war all sein Hab und Gut gestellt,
Nun hat er nichts zu hoffen in der Welt.
In Tränen ganz gebadet seine Wangen:
„Mein Beil! Mein armes Beil!" – so rief mit Bangen
Er aus – „O Zeus! Ach, schaff es wieder mir!
Ich will's auch ehren als Geschenk von dir!" –

Sein Klagen drang zu der Olympier Ohren.
Merkurius kommt: „Dein Beil ist nicht verloren" –
Sagt ihm der Gott – „kennst du's von Angesicht?
Ich glaub, ich hab's nicht weit von hier gefunden."
Er zeigt dem Mann ein goldnes; unumwunden
Entgegnet der: „So eins begehrt ich nicht." –
Drauf wird ein silbernes ihm vorgehalten;
Er lehnt es ab. Zuletzt von Holze eins.

„Ja, seht Ihr" – ruft der Brave – „das ist meins;
Ich bin zufrieden, darf ich dies behalten." –
„Da" - sagt der Gott – „nimm alle drei für eins!
Die Ehrlichkeit soll ihren Lohn bekommen." –
„In diesem Fall" – spricht er – „nehm ich sie gern."

Bald ward die Märe weit und breit vernommen;
Sein Beil verlor nun mancher, nah und fern,
Der um Ersatz den Himmel mocht beschwören;
Kaum weiß der Götterkönig, wen erhören.
Da naht sein Sohn Merkur dem Schreierchor,
Und eins von Golde zeigt er jedem vor.
Nun fürchtet jeder gleich für einen Toren
Zu gelten, spräch er nicht: „Ja, das ist meins!" –
Allein Merkur gab ihnen nicht nur keins
Sondern noch eins tüchtig um die Ohren.

Stets wahr und immerdar zufrieden sein,
Das ist das sicherste; doch läßt auf Lügen
Sich mancher um des Vorteils willen ein.
Wozu? Zeus läßt sich nimmermehr betrügen.

Heiteres aus dem früheren Waldarbeiterleben

Ein Forstmann lauscht nicht nur auf die Stimmen des Waldes, sondern hört auch gerne zu, wenn Waldarbeiter von lustigen Begebenheiten erzählen oder über sich – und andere – lachen. Was da so im Lauf der Jahre zum besten gegeben wurde, hat zum Beispiel Forstdirektor Sepp Demleitner mitgehört, aufgeschrieben und gesammelt; wenn es nötig war, so übersetzte er auch Texte ins Hochdeutsche. Angereichert und fachlich abgerundet hat er seine Aufzeichnungen mit Hilfe von Dr. Dr. Alfred Weitnauer und dessen Buch „Lachendes Allgäu". Jetzt also eine herzhafte Prise Humor aus der Vorratskammer der Holzknechte!

*

Da haben einmal der Peter und der Toni in einem besonders schweren Holz droben am Herzogstand gearbeitet. Kommen ein paar Sommerfrischlerinnen daher, verschnaufen, und sagt eine zu den Holzern: „Sagen Sie einmal, tut Ihnen das Herz nicht weh, wenn Sie eine solch prächtige Tanne umschneiden?" Gibt darauf Peter zurück: „Das Herz nicht, aber das Kreuz."

*

Um ihre Verlegenheit zu überwinden, fragt die gleiche nach dem Namen des Berges, der dort hinten hervorschaut. Der Toni brummt: „Wölcha?" „Danke", nickt darauf befriedigt das Fräulein zurück und ruft den anderen zu: „Wölcha heißt er."

Wie dann die Fremden weitergehen, bleibt eine feine Duftwolke zurück. Da zieht der Peter die Nase hoch: „Toni, schmeckst es?" „Ja", meint der, „die haben auch etwas anderes zum Essen als wir."

*

Weil wir grad vom Essen reden. Da hat auch einmal der Pankraz den Steffl während der Kochzeit besucht. Er schaut eine Zeit und urteilt dann: „Du kochst aber auch ein Durcheinander zusammen." Murmelt der Steffl: „Das Kochen ginge noch, aber das Essen!"

*

Im Gunzesrieder Tal war's aber schon arg. Da löffelten die Holzarbeiter zusammen aus dem großen Hafen ihre Mittagssuppe. Plötzlich schöpfte einer mit seinem Suppenlöffel statt des erhofften Fleisches eine tote, halbverkochte Maus heraus. Ohne weitere Worte schlenzt er das Mäuslein in die Ecke und ißt seelenruhig weiter. Den anderen aber ist der Appetit vergangen. Da meint jener: „Was seid ihr doch für gspassige Leut. Solange die Maus in der Suppe war, habt ihr gegessen, und jetzt, wo sie heraußen ist, schmeckt's euch nicht mehr."

*

Die Arbeit am Holzschlag ist schwer, und so ist es verständlich, das die Holzer an den freien Sonntagen nicht zusätzlich noch anstrengende Bergtouren unternehmen. Der Veitl ist schon 53 Jahre alt und noch nie auf dem Hochkogel gewesen, obwohl er direkt vor seiner Haustür liegt. Dann raffte er sich doch einmal dazu auf hinaufzusteigen. Bei der Luitpoldhütte fragt ihn ein Sommerfrischler, ob es hier oben denn immer so kalt sei. Gibt der Veitl zurück: „Das kann ich nicht sagen, ich komm' bloß alle 50 Jahre einmal herauf."

*

Woher die Kröpf kommen, ist nicht ganz klar. Die einen meinen vom Wassern, andere behaupten, sie hätten ihre Ursache im schweren Tragen. Daß diese Binkerl aber nicht von allein als Fehler angesehen werden, beweist folgende Geschichte: Da kam einmal ein Tiroler Holzer mit seinem Buben ins Bayerische. Da gibt es für den Jungen viel Neues zu sehen und zu fragen. Auf einmal deutet er auf einen Vorbeikommenden und fragt laut: „Du Vater, schau, warum haben die Leut' hier gar keine Binkerle?" Darauf der Vater: „Sei still, Bub, auf Krüppel zeigt man nicht."

*

Daß man den benachbarten Tirolern allerhand zutraut, ist ja bekannt. Fast immer ist es unberechtigt. Der stille Groll dürfte sicher auf manche früheren Grenzstreitigkeiten zurückzuführen sein. Oder liegt ein tieferer Grund darin, daß der eine oder andere sein Eheweib von drüben geholt hat?

Jedenfalls erzählt man von einem Tiroler, der beim Schlittenzug umgeworfen und deshalb ganz gottserbärmlich geflucht haben soll, folgende Geschichte: Der zufällig vorbeikommende Pfarrer habe ihn ermahnt, künftig bei dieser gefährlichen Arbeit das Lästern zu unterlassen und lieber mit dem Herrgott zu fahren. Dies ließ sich der Holzer nicht zweimal sagen und band bei der nächsten Fahrt ein Kruzifix zwischen die Hörner des Schlittens und schickte diesen allein ab. Es kam dann, wie es kommen mußte, die Fuhre warf wieder um. Darauf der Tiroler: „Das hab ich mir gleich gedacht, daß dies kleine Mannderl die schwere Fuhre nicht derhält!"

*

Das ganze Jahr über waren früher die Holzer am Berg. Nur zu besonderen Anlässen gingen sie herunter ins Tal. Als einmal eine Landtagswahl heranstand, schickte der Bürgermeister den Gemeindediener hinauf mit dem Auftrag, die Holzhacker zur Wahl zu holen. Der Bote bekam folgenden Bescheid: „Raus, wenn wir einen wählen könnten, kämen wir gleich, aber hinein wählen wir keinen mehr."

*

Ein Tiroler soll auf die Frage, warum er denn beim Holzspalten sitze, geantwortet haben: „Ja, im Liegen hab' ich es auch schon probiert, da ist es aber unsagbar anstrengend."

*

Ein andermal zog er schwere Stämme mit dem Schlitten vom Berg. Weil das Holz vereist war oder er die Fuhre nicht gut gebunden hatte, verrutschte die Ladung. Er dachte nicht mehr an die pfarrherrlichen Ermahnungen, und wieder ging ihm der „Gaul" durch. Der hinzukommende Arbeitskamerad wies auf die Unsinnigkeit des Räsonierens hin und stellte nach Anruf die Hilfe der 14 Nothelfer in Aussicht. Diesen versprach nun der Tiroler eine dicke Kerze und dann packten die beiden mit „Hauruck" zu. Gut ist's darauf gegangen, eigentlich zu gut, denn nun rutschte die Fuhre auf die andere Seite. Jammerte jetzt der Tiroler: „Jesses, sind des dapperte Kerle, jetzt schieben alle miteinander die Fuhre auf die andere Seite."

*

Ein Mann, klein, schmächtig, aber drahtig, steht im Einwanderungsamt in Montreal in Kanada. „Und was ist Ihr Beruf?" fragt der Beamte. „Holzfäller!" sagt der Mann. „Holzfäller?" Der Beamte sieht das Zwetschgenmanderl ungläubig an, „das gibt es doch gar nicht!" „Doch, selbstverständli!" sagt der Mann, „soll i Eahna vielleicht a paar Bäum umhaun, ha?" Der Beamte zwinkert seinen Kollegen zu, den Spaß leisten sie sich. Sie besorgen ihm also ein Beil und führen ihn in den großen Garten, der um das

Gebäude liegt. Zuerst an eine ganz dünne Birke. „Los!" kommandiert der Beamte. Zick Zack! Die Birke liegt im Gras. Jetzt führen sie ihn an eine Buche, die ist schon dreißig Zentimeter dick. Zick zack, zick zack, zick zack! Auch die Buche liegt im Gras. Jetzt wird es den Leuten vom Einwanderungsamt zweierlei. Um der Sache ein Ende zu bereiten, führen sie ihn an eine Rieseneiche, mit eineinhalb Meter Durchmesser. Der Mann spuckt in die Hände, nimmt das Beil, hack, hackt — nach einer halben Stunde plumpst der Baum zur Erde, daß es donnert. Die Beamten stehen kreidebleich: „Ja so etwas! Wo haben sie denn zuvor gearbeitet?" „In der Wüste Sahara!" sagte der Mann. „Sie sind ja verrückt, dort gibt es ja keine Bäume!" Der Mann schlenzt sich den Schweiß von der Stirne und sagt: „Ebn! Drum!"

*

Am Karfreitag wurde in der Pfarrkirche ein Kruzifix am Fuße des Altares niedergelegt, und die Gläubigen küßten die Wundmale. Dabei verfing sich einmal in der Dornenkrone der Bart eines Holzers hoffnungslos. Der vorsichtige erste Versuch, ihn abzulösen, war umsonst. Darauf zerrt der Holzer hin und her, und endlich war er frei. Er mußte aber dabei einen Teil seiner Manneszierde opfern. Vor Zorn bebend verließ der Holzhacker die Kirche. Dem zuschauenden Pfarrer schwante nichts Gutes, da er ja den Jähzornigen kannte, und schnell tauschte er das große Kreuz mit einem kleineren, weniger wertvollen aus. Schon kam der Holzer mit einem großen Prügel herein. Wie er nun vor dem kleinen Kruzifix stand, stutzte er und fragte: „Bub, wo ist dein Vater?"

Der Lenz und der Martl haben einmal einen Baum hoffnungslos aufgehängt. Das heißt, der zu fällende Baum fiel auf einen anderen und hat sich in der Astgabel desselben gefangen. Der Martl stieg kurzerhand auf den Hänger, um den Wipfel zu kappen. Dabei klemmte sich die Säge. Nun setzte sich der Martl auf den Wipfel selbst, und dann ging es schnell. Wie er unten aufstand, fragte der Lenz nach dem genauen Verlauf. Kurz und bündig meinte der Gefragte: „Zuerst ging es ganz zäh und dann auf einmal jäh."

*

Einmal ist es dann doch passiert. Beim Umschneiden drehte sich ein Stamm ab und erschlug einen Holzer. Der andere konnte sich gerade noch mit einem Sprung retten. Nach längerer Zeit trifft die Frau des früheren Arbeitskameraden die Witwe des Verunglückten und fragt diese, ob sie von der Versicherung eine Entschädigung bekommen habe: „Ja, denk dir, 10.000 Mark habe ich erhalten." Entsetzt sich erstere: „O mei, 10.000 Mark, und da springt meiner weg!"

*

Ein Holzer kommt in den Himmel. Gerade wie er seine Formalitäten erledigt hat, setzt die Musik ein und hereingeführt wird ein Müller. Darüber verwundert, weshalb bei ihm denn die Musik nicht gespielt habe, bekommt er von Petrus die Antwort: „Daß ein Müller in den Himmel kommt, trifft im Jahr höchstens einmal zu, bei einem Holzer ist das was Alltägliches."

Trauerlied für Peter Reindl

Er war gerade 26 Jahre alt, der Peter Reindl aus Inzell-Sulzbach, als ihn eine „sich aus freien Stükken selbst entwurzelnde Buche" im unteren Ostertal bei der Hörndlwand erwischte; das war am 24. September 1894. Ein mehr als schicksalhafter Tod für einen zünftigen Holzknecht, der er gewesen sein muß, bekannt und beliebt in der ganzen Gegend. Nur so ist es wahrscheinlich zu erklären, daß man dieses ungewöhnliche Ereignis unter die Leute zu bringen trachtete. Die Menschen von damals waren aber noch auf die mündliche Weitergabe von Nachrichten angewiesen, und das geschah nicht selten dadurch, daß ein dichterisch begabter Zeitgenosse solche ernste – ein anderes Mal auch wieder heitere – Begebenheiten in eine Liedform kleidete, zum Weitersingen. Solche Lieder waren Ausdruck der Volkspoesie, die den Anschauungen, Empfindungen und Regungen der Bewohner alpenländischer

Regionen in besonderer Weise Rechnung getragen haben.

So war das auch im Fall Reindl. Der frühere Ruhpoldinger Pfarrer Peter Bergmaier hat dieses Lied irgendwann einmal ausgegraben, und Walpurga Zach aus seiner Gemeinde hat es dem bekannten bayerischen Sammler von Volksliedern, dem Kiem Pauli, im Jahr 1927 vorgesungen. Der Tod eines Waldarbeiters – er konnte noch die Herzen der Menschen bewegen.

Altes Grabmal eines Holzknechts in Zell bei Ruhpolding. Noch erkennbar auf dem Stein die Umrisse einer Axt.

Stehe stille, liebe Jugend,
komm herbei und schau mich an,
betrachte Gott und auch die Tugend,
sterben mußt du, weiß nicht wann.
Manchem kostet es das Leben,
wo er gar nicht daran denkt,
niemand kann es einem sagen,
wie Gottes Hand oft einen lenkt.

Liebe Jugend, laß dir sagen,
denke öfters doch auch nach,
täglich kannst du Beispiel hören,
wie's der Tod oft einem macht.
Zähle nicht auf hohes Alter,
sei zum Sterben stets bereit,
mancher hat es schon erfahren
und muß zu früh in d'Ewigkeit.

Ein solches Beispiel mußt erfahren,
Peter Reindl war er genannt,
ein Jüngling mit 26 Jahren,
war er uns allen gut bekannt.
Zur Holzarbeit ist er gegangen,
die ihm war in seinem Sinn,
aber nicht mit dem Gedanken,
daß er geht zum Tode hin.

In der Früh noch aufgestanden
in Gottesnam und leicht,
dabei gewiß gar nicht geahnt,
daß der Tod ihn heut erreicht.
Er schont kein Alter, keine Jugend,
fort mußt du aus dieser Welt,
es hilft kein Bitten und kein Klagen,
er nimmt dich weg, wie's ihm gefällt.

Fast unglaublich war dies Schicksal,
gewiß von Gotteshand geführt,
er hat ja nicht mehr weichen können,
war von Schrecken ganz verwirrt.
O wenn die Stunde hat geschlagen,
wo einem aus ist seine Zeit,
so kann sich keiner mehr so retten,
er muß ja fort in d'Ewigkeit.

Von einem Baum hart getroffen,
sank er nieder totenbleich,
die Kameraden für ihn sprachen,
Jesus Maria, steh ihm bei!
Zur Rettung sofort gleich gegriffen,
wars erste, was man tun ihm kann,
niemand konnte er mehr grüßen,
voll von Wunden gar der ganze Mann.

Er wurde in die Heimat gfahren,
o Gott, o welch ein großer Schmerz,
die solch ein Unglück hat erfahren,
Eltern, Geschwister, Freundesherz!
Ihn zu richten sei uns ferne,
er war ja stets ein guter Christ,
für ihn beten oft und gerne,
das ist wahre Christenpflicht.

Auch Nachbarsleut und Pfarrgemeinde,
alle Kameraden bitt ich noch,
tut ihm alle doch verzeihen,
macht ihm keine Leiden dort.
Denkt öfters auch ans Sterben
unter Tags bei Arbeit auch,
rettet euch von dem Verderben,
das ist schönster Christenbrauch.

Die Eltern mußten es erleben,
wie man ihn senkt ins Grab,
die Geschwister um ihn weinen,
weil ers so schnell verlassen hat.
Man muß verlassen diese Erde
oft in einer kurzen Zeit,
doch werden wir uns wiedersehen
in der ewigen Seligkeit.

Ein Baum hat mir den Tod gebracht ...

Die Arbeit der Holzknechte im Bergwald war in früheren Zeiten recht gefährlich; sie hatten sich rauhen Elementen zu stellen, ihre Ausrüstung waren einfache Werkzeuge, und über Unfallschutz im heutigen Sinne wurde wenig gesprochen. So ist es nur allzu verständlich, daß man als Wanderer immer wieder auf eines jener Wahrzeichen stoßen kann, das einen tragischen Unglücksfall signalisiert: das Marterl.

Es schildert das Geschehen in Bild und Wort, und in ihm sind Natur, sind Leben und Tod, Freud und Leid beisammen. Angefertigt hat es meist ein dörflicher „Täfelchen-Maler", in der Regel aus Holz mit einem schrägen Wetterdach, und aufgestellt wurde es möglichst nahe am Ort des gedenkenswerten Ereignisses. Das Marterl erzählt immer eine wahre Begebenheit, manchmal sogar in derb humorvollen Versen. Hier eine kleine Auswahl.

Übrigens: Der Begriff „Marterl" dürfte auf jene Steinzeichen, Kreuze und Tafeln zurückgehen, mit denen man im Mittelalter an öffentlichen Wegen an die Marter Christi erinnern wollte und dabei wohl auch des eigenen Schicksals – und der glücklichen Heimkehr – gedachte. Es ging darum, Besinnlichkeit zu wecken, und das war Jahrhunderte später nicht anders, wie diese schlichte Marterl-Inschrift von 1867 aus dem Lungau darlegt:

> O Wanderer, hier stehe still
> und frage dich, was ist dein Ziel?
> Dies Denkmal dir die Antwort stellt:
> Auch du mußt fort von dieser Welt.

Marterlsprüche

Hier kam er beim Holzen unter die Prügel.
Er war ein guter Holzknecht, der Johann Riegl.

Bei Mariastein im unteren Inntal

*

Hier verunglückte beim Holzfällen
Der ehrengeachtete Jüngling Martin Brandner.
Es fill von der Buch ein direr Ast auf ihn.
In der Nacht starb er.
Stehst du hier an dieser Unglückstätt,
Denke meiner im Gebet;
Dann gehe ruhig des Weges zu
Und wünsch mir die ew'ge Ruh.

Bei Brannenburg

*

Zur steten Erinnerung und Erweckung gleicher Gefühle errichtet, tieftrauernd Gattin und Kinder den werten Vater dieses Denkmals, welcher mit Namen Matheus Wegscheider am 25. Oktober 1863 in einem Alter von 46 Jahren mit Holztriften unversehens im kalten Bett des Wassers seinen Geist aufgab.

Finkenberg

Du warst ein Holzknecht brav und frisch,
Im Walde stand Dein Bett, Dein Tisch,
Du gingst im lustig grünen Haus
In fleiß'ger Arbeit ein und aus;
Der Wald, der Dir die Heimat gab,
Bereitete Dir auch Dein Grab.
Der Wald hat Dich ans Herz gedrückt,
So hat Dir Gott den Tod geschickt.
Der Herr schenk Dir für ew'ge Zeit
Die himmlische Glückseligkeit!

Aus dem Hüttenwald bei Freyung
im Bayerischen Wald

*

Wann du schon jung und schön und bist auch stark
von Jahren, der Tod hat List und Tück, das hab auch
ich erfahren.

Bei Imst in Tirol

*

Im Jahre 1873, den 23.1., ist der Tugendsame Jüngling Josef Huter von Bihel, seines Alters 40 Jahre, unweit dieser Stelle mit Holzfellen von einem Baum getroffen worden und in kurzem darauf Gestorben.
Wer Gott getreu bleibt bis ins Grab,
Den wischt Gott die Threne ab.
Was sind die Leiden dieser Zeit
Gott gegen deine Herrlichkeit.

Aus dem Pitztal

*

Ein Baum hat mir den Tod gebracht,
Wo ich es nicht vermuthet hab'.
Drum sei stets drauf bedacht:
O Christ: auch du stehst vor dem Grab.

Bei Mittenwald

*

Vom Baum fiel ich hoch herab,
Der Tod haut mir den Wipfel ab,
O Maria, steh mir bei,
Daß mir Gott barmherzig sei.

Aus Lengfelden

*

Mit frohem Mute Holz zu ziehen,
Begab er sich hinauf zum Wald,
Doch konnte er nicht mehr entfliehen,
Der Tod ereilte ihn alsbald.
Mit Brausen fuhr sein Schlitten los
Und gab ihm schnell den Todesstoß.
O Herr, gib ihm die ewige Ruh'.

Im Walde verunglückte den 22. Jänner 1894 beim Holzziehen der 32 Jahre alte Jüngling Benedikt Käßler von Wengen.
Vater unser.

*

O heiligste Dreifaltigkeit einiger Gott! Schütze uns in Nöthen, tröste uns in Tod!

Den Marterln nahe verwandt sind die sogenannten Votivtafeln (von lateinisch votum = Gelübde) in Kirchen und Kapellen; es handelt sich dabei um die bildliche Darstellung eines unglücklichen Geschehens und zugleich um die eines Gelöbnisses. Der vom Unglück Heimgesuchte „verlobte" sich damit vor Gott oder dem Heiligen seiner Wallfahrt für das Erhören seiner Fürbitte um Rettung oder Heilung.

Die zahlreichen Marterln und Votivtafeln für Holzknechte aus der Zeit vor der Jahrhundert-

wende weisen darauf hin, daß die Arbeit „im Holz" nicht ungefährlich war. Hatte der eine oder andere Glück im Unglück, und sei es durch die vermeintliche Hilfe des von ihm in seiner Not angerufenen Heiligen, so war dies ein Anlaß zu öffentlicher Dankbarkeit. Hier das „Vergelt's Gott" in Form einer Votivtafel mit der Darstellung eines offensichtlich glimpflich abgelaufenen Unfalls beim Baumfällen aus Oberösterreich.

Literaturhinweise

Banck, Otto: Holzfäller und Flößer im Isarthal. Gartenlaube Nr. 46/1865.

Bergmaier, Peter: Das Holzknechtleben. Ruhpoldinger Heimatbuch, „Aus dem Miesenbach". 2. Aufl. 1953.

Čapek, Carl: Seltsame Geschichten von Räubern und Polizei, Zauberern, Doktoren und vielen Tieren. Büchergilde Gutenberg, Frankfurt/M. 1958.

Demleitner, Josef: Heiteres aus dem früheren Waldarbeiterleben. Allgemeine Forstzeitschrift, München, Nr. 28/1965.

Hager, Franziska: Meine Erde, Rundschau Verlag, München (1939).

Haushofer, Max: Arbeitergestalten aus den bayerischen Alpen. Bayerische Bibliothek, Band 4. Bamberg 1890.

Hörmann, Ludwig von: Grabschriften und Marterln. Stuttgart und Berlin 1905.

Kiem, Pauli: Sammlung oberbayerischer Volkslieder. Georg D.W. Callwey Verlag, München 1934.

La Fontaine, Jean de: Sämtliche Fabeln, Winkler Verlag, München 1978.

Müller, Fritz: Fernsicht, Jos. C.Hubers Verlag, Diessen 1922.

Noë, Heinrich: Bairisches Seebuch, Lindauer'sche Buchhandlung, München 1865.

Noë, Heinrich: Deutsches Alpenbuch Bd. 1, Flemmig Verlag, Glogau 1875.

Rosegger, Peter: Waldheimat, Verlag L. Staackmann, Leipzig 1935.

Schmeller, Johann Andreas: Bayerisches Wörterbuch, Bd. 1+2. Stuttgart 1827-1837. 3. Neudruck, Scientia Verlag, Aalen 1973.

Springenschmid, Karl: Drei schmeißen einen Wald. Bergverlag Rudolf Rother, München 1940.

Stifter, Adalbert: Der beschriebene Tännling. Reclam Verlag, Stuttgart 1975 (Nr. 7548).

Winnig, August: Stiegel der Holzhauer, Reclam Verlag, Leipzig 1943.

Bildnachweis

Archiv des Holzknechtmuseums Ruhpolding:
S. 13, 17, 22, 23, 40, 41, 42, 51, 209, 215

Archiv des Herausgebers:
S. 14, 19, 20, 61, 71, 75, 78, 89, 99, 100, 105, 112, 115, 117, 121, 136, 154, 182, 192, 194

Erwin Steckbauer, Zwiesel:
S. 18 (Reproduktion)

Foto Matzek:
S. 25, 27, 28, 31, 37, 49, 52, 53, 204, 213, 214

Printed by Libri Plureos GmbH
in Hamburg, Germany